az
s

Leadership del rischio [barcode: CW00524679] **della**
di fornitura"

Ayse Kucuk Yilmaz
Konstantinos N. Malagas

Leadership del rischio globale negli aeroporti come "Hub della catena di fornitura"

Resilienza e sviluppo delle capacità per una cultura organizzativa ibrida

ScienciaScripts

Imprint
Any brand names and product names mentioned in this book are subject to trademark, brand or patent protection and are trademarks or registered trademarks of their respective holders. The use of brand names, product names, common names, trade names, product descriptions etc. even without a particular marking in this work is in no way to be construed to mean that such names may be regarded as unrestricted in respect of trademark and brand protection legislation and could thus be used by anyone.

Cover image: www.ingimage.com

This book is a translation from the original published under ISBN 978-620-6-75444-2.

Publisher:
Sciencia Scripts
is a trademark of
Dodo Books Indian Ocean Ltd. and OmniScriptum S.R.L publishing group

120 High Road, East Finchley, London, N2 9ED, United Kingdom
Str. Armeneasca 28/1, office 1, Chisinau MD-2012, Republic of Moldova, Europe

ISBN: 978-620-7-00881-0

Contenuti

Il nostro libro è dedicato

Ai nostri figli
Alla mia cara tigre, Mehmet Efe YILMAZ (Ayse Kucuk Yilmaz)
Al mio sole, Anastasia MALAGAS (Konstantinos N. MALAGAS)

Ringraziamenti

Mercati turbolenti, digitalizzazione, pandemie, guerre, concorrenza internazionale (industria dei chip), intelligenza artificiale e limitazioni delle risorse stanno trasformando sia il settore dell'aviazione che le catene di fornitura. Le aziende che vogliono sopravvivere in questo ambiente rischioso, dove la resistenza è messa alla prova, devono realizzare l'integrazione di lean procurement, supply chain e aviazione. Gli aeroporti, che un tempo erano il centro delle sole attività di trasporto aereo, sono ora diventati il fulcro delle catene di fornitura. Gli aeroporti hanno un ruolo decisivo e vitale nella catena di approvvigionamento veloce, efficiente e ottimale. Non è possibile che le catene di fornitura continuino in alcune aree senza l'aviazione e gli aeroporti. pertanto, ha incluso gli aeroporti e l'industria dell'aviazione civile nelle sue strategie di gestione del rischio della catena di fornitura. allo stesso tempo, l'integrazione dei sistemi di trasporto terrestre, marittimo e ferroviario, nonché dell'aviazione civile e degli aeroporti sotto forma di modalità di trasporto multiple è necessaria per l'ottimizzazione delle catene di fornitura.

Questo libro offre un approccio aerospaziale ma olistico e LEAN alla gestione della supply chain. Questo libro fornisce una guida ideale per qualsiasi organizzazione che si concentri sulla leadership del rischio, al fine di sviluppare la capacità e quindi aumentare la resilienza nelle operazioni aeroportuali, che si concentrano su processi LEAN, strutture e attività organizzative, gestione della diversità, sostenendo l'uso efficiente ed efficace delle risorse.

Parole chiave: Supply Chain Risk Management, Gestione aeroportuale Cultura organizzativa, Cultura, Lean Management, Cultura, Diversità, Resilienza, Capacity Building, Gestione e Strategia.

Eski§ehir e Creta, Heraklion
Prof. Dr. Ayse KUCUK YILMAZ e Dr. Konstantinos N. MALAGAS 2023

Informazioni sugli autori

Prof. Dr. Ayse KUCUK YILMAZ

La Prof. Dr. Ayse KUCUK YILMAZ è professore a tempo pieno presso l'Università Tecnica di Eskisehir, Facoltà di Aeronautica e Astronautica. La Prof. Dr. Ay$e KU^UK YILMAZ è Professore a tempo pieno presso la Facoltà di Aeronautica e Astronautica dell'Università Tecnica di Eskisehir (ESTU). Ha oltre 20 anni di esperienza come tecnico, accademico e amministratore in Turchia, di cui 6 anni in posizioni dirigenziali. Ha conseguito il dottorato di ricerca presso l'Università Anadolu. È stata anche vicepreside della Facoltà di Aeronautica e Astronautica dal 2 febbraio 2015 all'ottobre 2020. Ha ricoperto il ruolo di Airport Business Manager presso l'aeroporto internazionale Eskisehir Hasan Polatkan per 6 anni. Il suo master è in Management & Strategy. È docente di laurea, master e dottorato presso i dipartimenti di gestione dell'aviazione e di pilotaggio: Gestione e Organizzazione, Gestione del rischio d'impresa, Sistemi di gestione della sicurezza, Business e gestione aeroportuale, Gestione della catena di approvvigionamento, Lean Management, Leadership globale, Gestione strategica, Gestione del rischio d'impresa. È autrice di 16 libri e 6 capitoli; di oltre cinquanta articoli di riviste e conferenze internazionali. Ha svolto numerosi progetti scientifici in ambito internazionale e nazionale. È un tecnico abilitato alla manutenzione dei motori degli aerei dal 2001.

Konstantinos N. MALAGAS è ricercatore associato presso il Laboratorio di informatica e nuove tecnologie per la navigazione, i trasporti e lo sviluppo insulare (LINTSTID), Dipartimento di navigazione, commercio e trasporti dell'Università dell'Egeo. È laureato presso la Scuola di Economia e Commercio di Atene (AUEB-Athens University of Economics and Business), con una laurea in Business Administration, specializzata in Marketing. Ha conseguito un Master of Science (M.Sc.) in Management Science and Computer Applications, presso l'Università di Cranfield, Regno Unito, e un Master of Philosophy (M.Phil.) nel campo dell'aviazione, presso la Loughborough University, Regno Unito. Inoltre, ha conseguito un dottorato di ricerca (titolo: "La gestione dell'innovazione: La gestione dell'innovazione.

Introduction of Electronic Passenger Management and Safety Services in Air Transport") presso la Scuola di Scienze, Dipartimento di Ingegneria dei Sistemi di Informazione e Comunicazione, Università dell'Egeo. Ha completato gli studi di post-dottorato (PostDoc) presso l'Università dell'Egeo, Dipartimento di Commercio e Trasporti Marittimi, concentrandosi sull'introduzione di nuove tecnologie nel trasporto aereo, sull'istruzione e la formazione nel settore dell'aviazione e sulla gestione dell'aviazione. Ha pubblicato numerosi articoli in riviste e conferenze internazionali. Ha più di 28 anni di esperienza lavorativa nel settore dell'aviazione (in posizioni manageriali in una grande compagnia aerea di linea); attualmente lavora presso l'Autorità ellenica per l'aviazione civile.

PARTE I

INTRODUZIONE

Nel settore dell'aviazione, il termine "**hub**" indica il collegamento vitale, come l'imbarcazione, il centro di coordinamento e di decisione centrale, come il cervello, il sistema nervoso e il cuore. Gli aeroporti sono gli hub delle catene di fornitura in molti settori Gli aeroporti, che sono l'hub della catena di fornitura dell'aviazione, rappresentano il centro principale o il punto di trasferimento per tutti gli stakeholder dell'aviazione, proprio come per una compagnia aerea. Proprio come una compagnia aerea utilizza uno o più "hub" per collegare diverse destinazioni per il trasporto di passeggeri e merci e per gestire la propria rete di voli, l'industria aeronautica utilizza gli aeroporti come hub. Senza gli aeroporti non è possibile svolgere le attività e le operazioni di trasporto aereo o creare una catena di approvvigionamento legata all'industria aeronautica. Gli aeroporti come hub consentono alle catene di approvvigionamento di gestire i loro voli su un'ampia rete globale.

Tutti gli sviluppi sociali ed economici influenzano e modificano il settore dell'aviazione e, di conseguenza, gli approcci di leadership e di gestione del rischio necessari.

I leader del rischio assumono il ruolo di protettore e di modello per lo sviluppo delle capacità e la creazione di una cultura del rischio.

La comprensione delle catene di fornitura e del complesso coordinamento richiesto dai vari componenti delle operazioni aeroportuali è fondamentale per la gestione dei rischi. Per pianificare ed eseguire la catena di fornitura e la strategia di gestione aeroportuale sono necessarie importanti competenze di leadership e di gestione.

"Guidare la gestione snella del rischio nelle industrie"

Lean è la capacità di identificare e, se possibile, eliminare o ridurre i processi inefficaci, le spese inutili e gli sprechi nei processi di produzione e di servizio, nonché di organizzare e coordinare i processi manageriali, organizzativi e operativi in modo più efficiente, chiaro ed economico. È un metodo sistematico. Il Lean aiuta a stimolare nuove idee per migliorare la qualità e ridurre i costi e i tempi di ciclo, considerando come guidare l'innovazione e il cambiamento invece di rimanere bloccati da errori del passato, burocrazie o ridondanze che fanno perdere tempo.

Gli aeroporti, che sono gli hub della catena di fornitura, sono spesso situati geograficamente in posizione strategica e sono il centro operativo della gestione della catena di fornitura e anche il punto di maggior traffico aereo delle compagnie aeree. Questi hub sono le intersezioni di molti voli e modalità di trasporto per la catena di fornitura e i punti in cui è possibile effettuare trasferimenti tra le modalità di trasporto. catena di fornitura

I soggetti interessati possono raggiungere le loro destinazioni trasferendosi qui dopo un volo in arrivo o un'altra modalità di trasporto. Allo stesso modo, nel trasporto aereo di merci, gli hub sono utilizzati per raccogliere i carichi da diversi punti e trasportarli in altri punti.

Lo sviluppo delle capacità nel settore dell'aviazione si riferisce all'adattamento di un'organizzazione aeronautica o di un aviatore alle informazioni e alle tecnologie globali in modo da aumentare la sicurezza e la protezione negli ambienti commerciali, lavorativi e operativi di un settore in continua evoluzione e cambiamento. Questo processo comprende gli sforzi delle organizzazioni aeronautiche e dei singoli aviatori per mantenere aggiornate le conoscenze e le competenze attuali, per apprendere e applicare nuove conoscenze e tecnologie e per sviluppare capacità e competenze.

Lo sviluppo delle capacità è importante per il settore dell'aviazione, in rapida evoluzione, e in particolare per le attività e le operazioni delle città aeroportuali, per diventare resistenti all'ambiente di rischio ibrido e per competere con gli altri aeroporti, nonché per cogliere nuove opportunità, gestire le minacce ibride e gestire i rischi senza interruzioni. Questo sforzo continuo di miglioramento e adattamento consente a individui e organizzazioni di essere resistenti a situazioni e crisi estreme e all'ambiente di rischio ibrido, aiutandoli a raggiungere un successo sostenibile generando valore aggiunto.

Il libro si rivolge ai professionisti dell'industria aeronautica, ai dirigenti, ai lavoratori dell'aviazione civile, agli aviatori professionisti di nuova generazione, agli studenti, ai ricercatori e a tutti coloro che sono interessati all'aviazione.

Gli aeroporti sono il fulcro delle catene di approvvigionamento e dell'industria aeronautica. Pertanto, a causa della complessità e del dinamismo dell'ambiente aereo, i rischi che incidono sulla sicurezza sono molto variabili, numerosi e diversi, poiché ci troviamo in un ambiente VUCA. La gestione dei rischi della catena di fornitura fornisce una ragionevole garanzia per identificare tempestivamente tutti i rischi che hanno il potenziale di influire sulla sicurezza nell'ambiente dell'aviazione e per gestire il loro impatto sulla sicurezza. Migliora l'apprendimento dell'organizzazione da ogni rischio incontrato e la sua resilienza al cambiamento. L'implementazione della gestione del rischio aeroportuale e della gestione del rischio della catena di fornitura, che tiene conto della diversità umana, della cultura ibrida e dei nuovi modelli di lavoro in un ambiente commerciale sempre più digitale, è considerata importante in termini di sviluppo delle prestazioni e delle capacità sostenibili dell'industria aeronautica e delle catene di fornitura, e quindi durevole.

Gestione del rischio della catena di fornitura: L'integrazione tra la gestione del rischio e la gestione della catena di fornitura aiuta le aziende a costruire catene di fornitura più resistenti e resilienti. Ciò consente alle aziende di essere meglio preparate ai rischi, di ridurre al minimo gli impatti negativi e di gestire le proprie attività in modo sostenibile. Inoltre, la gestione dei rischi nella catena di fornitura aumenta la soddisfazione dei clienti, fornisce un vantaggio competitivo e protegge la reputazione dell'azienda. Da questo punto di vista, i processi di gestione del rischio dovrebbero essere integrati con la gestione della catena di fornitura per aumentarne la resilienza. Ciò consente alle aziende di anticipare i rischi, di mitigarli con azioni appropriate e di rispondere efficacemente alle situazioni di crisi.

Nel nostro libro, i capitoli sono concepiti in un contesto che si supporta a vicenda. Sono inclusi argomenti che si completano a vicenda in modo olistico. Questo libro:

Grazie ai suoi contenuti e alla sua portata, i manager possono comprendere le operazioni aeroportuali con una gestione olistica e sistematica del rischio a livello aziendale e della catena di approvvigionamento nel commercio internazionale.

Con il suo approccio, può dare ai manager l'opportunità di migliorare la loro capacità di prendere decisioni corrette e tempestive.

avere il potenziale per contribuire ai manager e ai professionisti nel campo della gestione e della strategia aziendale con il suo approccio olistico

Il suo campo di applicazione può offrire l'opportunità a aviatori, manager e ricercatori di rimanere aggiornati su tutti gli aspetti della gestione del rischio della catena di fornitura, integrata con la gestione degli aeroporti e con il lean management.

Il nostro obiettivo principale è aggiungere valore al campo della gestione e della strategia, stimolare nuove idee e ispirare la prossima generazione di professionisti. Così come gli aeroporti svolgono un ruolo centrale nelle catene di fornitura, anche le catene di fornitura svolgono un ruolo vitale e decisivo per gli aeroporti. Perché la gestione della catena di approvvigionamento degli aeroporti è un fattore di efficienza, efficacia, sicurezza e sostenibilità che consente agli aeroporti di continuare le loro attività. Una gestione ottimale della catena di fornitura supporta il funzionamento ininterrotto degli aeroporti, la soddisfazione dei loro stakeholder e le loro prestazioni.

La gestione del rischio della catena di approvvigionamento supporta l'integrazione appropriata delle modalità di trasporto via mare, aria, strada, ferrovia e gasdotto. È possibile scegliere le modalità di trasporto più adatte in base alle caratteristiche dei prodotti, ai tempi di consegna, ai costi e ai fattori ambientali, e affrontare l'ottimizzazione identificando le minacce e le opportunità per gestire la supply chain in modo efficace ed efficiente. Questo libro si concentra sulla leadership del rischio nell'aviazione, che è una delle modalità di trasporto della catena di approvvigionamento.

PARTE II

LEADERSHIP DEL RISCHIO E NUOVO LAVORO: *Nuova prospettiva di leadership globale nel settore dell'aviazione*

Nuovi rischi ibridi, *modelli di lavoro* ibridi e *culture ibride*

La data di inizio dei nuovi modelli di lavoro risale a decenni prima della pandemia COVID. tuttavia, la loro rapida diffusione e propagazione ha coinciso con il periodo dell'epidemia COVID-19. Infatti, la scelta di nuovi modelli di lavoro durante la pandemia di Covid 19 è diventata improvvisamente un "must" e quasi l'unica opzione per mandare avanti le cose. Questa pandemia ha costretto molte organizzazioni ad adottare nuovi modelli di lavoro per adattarsi alle mutate circostanze. Di conseguenza, molti leader globali hanno dovuto diventare abili nell'implementare e gestire questi nuovi modelli di lavoro. Alcuni dei nuovi modelli di lavoro più influenti adottati dai leader globali sono:

Molte organizzazioni sono passate a modelli di lavoro a distanza per ridurre il rischio di trasmissione della COVID-19 tra i dipendenti. I leader globali hanno dovuto trovare il modo di mantenere i dipendenti produttivi e connessi mentre lavorano a distanza. I modelli di lavoro ibridi combinano lavoro a distanza e lavoro faccia a faccia. I leader globali hanno dovuto sviluppare nuove politiche e procedure per consentire ai dipendenti di lavorare in modo efficace e collaborativo sia in ambienti remoti che faccia a faccia.

Gli accordi di lavoro flessibile, come l'orario di lavoro flessibile o il job sharing, sono diventati sempre più comuni, in quanto le organizzazioni cercano di soddisfare le mutevoli esigenze e preferenze dei dipendenti. I leader a livello globale hanno dovuto sviluppare strategie per gestire questi regolamenti e garantirne l'equità e l'efficacia.

La trasformazione digitale prevede l'utilizzo della tecnologia per trasformare i processi aziendali e creare nuovi modelli di business. I leader globali stanno guidando le loro organizzazioni in queste trasformazioni per rimanere competitivi e soddisfare le mutevoli esigenze di clienti e stakeholder. In questo senso, i nuovi modelli di lavoro, spesso ibridi, enfatizzano la collaborazione globale, la flessibilità e la rapidità del processo decisionale, perché sono queste le qualità necessarie nei modelli di business odierni. I leader del rischio globale devono identificare gli ambienti che favoriscono queste qualità e implementare quelli adatti all'azienda per guidare i nuovi ambienti di lavoro e le innovazioni che sosterranno le prestazioni e lo sviluppo delle capacità in questo ambito, e per rispondere rapidamente alle mutevoli condizioni di mercato.

Sebbene la pandemia non stia più interessando il mondo degli affari, molte aziende hanno iniziato a utilizzare costantemente nuovi modelli di lavoro nell'ambito delle loro strategie LEAN. Fondamentalmente, le strategie LEAN mirano a ridurre le inefficienze e gli sprechi, a semplificare la gerarchia come il lavoro di squadra, a depurare le strutture organizzative formali inutili e lente, a migliorare i processi e i sistemi e a incoraggiare la partecipazione dei dipendenti. Nella gestione snella, le attività e le risorse che non creano valore sono ridotte al minimo e viene adottato un processo di miglioramento continuo. Questo approccio ha anche obiettivi comuni con la gestione del rischio aziendale e sono obiettivi necessari e di supporto per il leader del rischio per la creazione di capacità e cultura del rischio. A questo proposito, è importante che i leader globali, in grado di implementare e gestire efficacemente i nuovi modelli di lavoro "continui", che sono diventati una parte essenziale del mondo degli affari globale, adottino strategie basate sulla gestione del rischio per avere successo nel "mondo degli affari postpandemico".

Leader ibridi: nuovi rischi ibridi e *culture ibride/organizzative*

La leadership è fare la differenza. I leader delle organizzazioni del XXI secolo devono avere la capacità di navigare in un mondo molto rischioso e pericoloso se vogliono fare la differenza e far crescere le loro organizzazioni. Pertanto, la comprensione e la gestione del rischio sono diventate una necessità per il successo della leadership delle organizzazioni nel mondo di oggi. (Shenkir & Walker, 2014).

Il modello aziendale tradizionale è per lo più rigido e poco flessibile ai cambiamenti. Il modello aziendale tradizionale ha punti fissi legati allo spazio e al tempo, come la sede dell'ufficio, gli orari di lavoro, ecc. Nei nuovi modelli di business, questi punti fissi sono stati ridisegnati, flettendosi e cambiando in base alle condizioni della situazione. Nel mondo del lavoro di oggi, i limiti di tempo e spazio sono stati eliminati. Per adattare questa situazione ai modelli di lavoro, sono più che mai necessari nuovi modelli di lavoro.

I modelli di lavoro ibridi e nuovi sono considerati dal mondo imprenditoriale come "la rimozione dei confini per l'impiego di talenti qualificati" nell'ambiente di lavoro contemporaneo. L'eliminazione dei limiti di impiego delle risorse umane cambia la definizione di leadership da locale a "globale e ibrida". I leader globali ibridi sono chiamati a gestire i rischi aziendali e strategici nelle attuali condizioni di business e di lavoro.

Nuovi leader del rischio globale (ibridi)

= F (Nuovo *modello di lavoro* ibrido

+ *Cultura organizzativa ibrida*

+ Nuovi rischi ibridi: +*Strutture organizzative ibride + Ambiente esterno digitalizzato)*

Equazione funzionale della nuova leadership del rischio globale

Figura 1 Equazione della leadership del rischio (Fonte: Autori)

Proprio come i veicoli ibridi sono rispettosi dell'ambiente, il lavoro ibrido può essere definito "human friendly", perché con i nuovi modelli di lavoro è possibile alleviare le difficoltà che le persone incontrano nell'equilibrio tra lavoro e vita privata e, di conseguenza, aumentare le prestazioni e la motivazione umana. La scelta dei nuovi modelli di lavoro dipende dagli obiettivi e dalle strategie dell'organizzazione. Si tratta di una sorta di problema decisionale multicriteriale per i leader del rischio. I nuovi modelli di lavoro comportano anche una trasformazione culturale. Le organizzazioni sviluppano e implementano nuovi modelli di business per diventare più veloci, più flessibili, più produttivi e più trasparenti, in linea con le loro strategie. Questa situazione crea anche un'opportunità per le organizzazioni di concentrarsi sul valore aggiunto che creano, non sul locale.

L'eliminazione dei confini creati dai limiti e dalle strutture organizzative è compatibile con la definizione di leadership, perché nelle organizzazioni non esiste più solo un singolo leader, ma anche team di leader. La filosofia della gestione del rischio è compatibile con questo approccio, in quanto il processo decisionale nella gestione del rischio viene svolto da una commissione di esperti di gestione del rischio. L'utilizzo di tecniche di valutazione e analisi del rischio per decidere quali nuovi modelli di business saranno implementati a quale ritmo e dove sarà vantaggioso in termini di ottenimento delle risposte necessarie al mondo delle imprese. I nuovi modelli di lavoro stanno ristrutturando la struttura organizzativa, la forza lavoro e l'ambiente aziendale in modo integrato e interattivo.

I modelli di business hanno beneficiato per anni del vantaggio competitivo fornito dalle strategie ibride e miste. In questo senso, si è iniziato a scoprire il potenziale della struttura ibrida dei nuovi modelli di business per fornire un vantaggio competitivo. I nuovi modelli di lavoro consentono a nuovi talenti provenienti da diverse aree geografiche del mondo di entrare a far parte dell'organizzazione. questo offre alle organizzazioni l'opportunità di rafforzare le proprie competenze chiave potenziando le risorse umane provenienti da diverse aree geografiche del mondo. I modelli ibridi sono in realtà una buona strategia per gestire l'impatto delle debolezze basate sulle risorse umane: sfruttano i modelli aiutando al contempo a minimizzare gli effetti dei loro svantaggi. i nuovi modelli di lavoro sono anche utili per gestire i rischi ergonomici derivanti dai limiti fisici e cognitivi delle risorse umane.

La struttura multiculturale, i sistemi di lavoro multipli, le differenze geografiche e i diversi fusi orari sono considerati fonti di rischio nelle organizzazioni virtuali. La gestione di ciascun rischio e dei nuovi rischi che sorgeranno con l'interazione dei rischi tra loro richiede competenze che i metodi tradizionali non possono superare. In questo senso, l'integrazione di caratteristiche di leadership multiple (virtuali, di rischio, globali, ecc.) è necessaria nei nuovi ambienti di lavoro e di business. I multisistemi, in cui team virtuali e team tradizionali lavorano insieme, sono i tratti distintivi dell'ambiente aziendale odierno. In entrambi i sistemi e contemporaneamente, la gestione delle prestazioni, la gestione della motivazione, la gestione dei salari, i sistemi di incentivazione dei premi, la creazione di ambienti digitali e tecnologici adatti ai team da formare, la progettazione di strutture organizzative e la creazione di canali di comunicazione e di feedback sono elementi del sistema di gestione del rischio.

Partiamo dal presupposto che i nuovi modelli di lavoro possono essere visti come un'opportunità per lo sviluppo delle capacità dei dipendenti da parte dei leader. I modelli di lavoro nuovi e ibridi stanno ridefinendo la visibilità e il coinvolgimento dei dipendenti. Ciò significa che i leader non possono più fare affidamento sulla presenza fisica e sugli occhi come misura del rendimento dei dipendenti, e che è necessario uno sforzo maggiore per aiutare i lavoratori remoti a sentirsi connessi e impegnati. La definizione di visibilità dei dipendenti deve evolversi e i leader devono dare priorità alla fiducia nei rapporti con i membri del team (DiStasio, 2022). In questo concetto, anche le strategie di coordinamento e motivazione dei leader stanno cambiando con i modelli ibridi.

Cultura organizzativa ibrida "HOC

I nuovi modelli di lavoro, la maggior parte dei quali sono ibridi, hanno il potenziale di creare una cultura organizzativa ibrida che è fonte di rischio sia come opportunità che come minaccia. Per questo motivo, i manager devono migliorare la loro capacità di gestire strutture organizzative ibride con le loro culture.

I modelli di business ibridi creano una cultura organizzativa ibrida in termini di rischio (sia di opportunità che di minaccia). Questo richiede che i leader guidino e gestiscano contemporaneamente i rischi associati in ambienti di lavoro e di business misti. Una delle maggiori fonti di rischio dell'immagine globale sono questi ambienti multi e misti.

Rischi basati sulla cultura organizzativa ibrida nei nuovi modelli di lavoro

I nuovi modelli di lavoro si sono diffusi e sono diventati una delle strategie applicate in modo permanente nell'ambiente aziendale globale. I nuovi modelli di lavoro, che comprendono il lavoro a distanza, ibrido e virtuale, hanno portato allo sviluppo di culture organizzative ibride che fondono la cultura tradizionale dell'ufficio con la nuova cultura del lavoro virtuale.

Una cultura organizzativa ibrida cerca di integrare i vantaggi della cultura tradizionale dell'ufficio, come la collaborazione di gruppo, la comunicazione e l'interazione sociale, con la flessibilità e l'indipendenza della cultura del lavoro a distanza. Questo tipo di cultura valorizza sia l'autonomia individuale che la coesione del team e incoraggia i dipendenti a trovare un equilibrio tra i due.

Per gestire i rischi basati sulla cultura organizzativa ibrida, le aziende devono stabilire canali di comunicazione e linee guida chiare che consentano ai dipendenti di lavorare in modo efficace ed efficiente, indipendentemente dalla loro posizione fisica. Ciò include la definizione di aspettative per gli orari di lavoro, i tempi di risposta e le piattaforme di comunicazione, nonché la fornitura della tecnologia e degli strumenti necessari per la collaborazione a distanza.

Inoltre, le aziende possono promuovere una cultura organizzativa ibrida dando priorità al benessere dei dipendenti, creando opportunità di team-building e interazione sociale e promuovendo un senso di appartenenza e di inclusione. Abbracciando una cultura organizzativa ibrida, le aziende possono beneficiare di una maggiore produttività, soddisfazione e fidelizzazione dei dipendenti, rimanendo al contempo competitive in un ambiente di lavoro in rapida evoluzione.

Lo sviluppo dell'ambiente aziendale digitale e della tecnologia, oltre ad alcune necessità, inducono le organizzazioni a migliorare i propri sistemi apportando di volta in volta modifiche e trasformazioni ai loro sistemi di lavoro. Oggi, molte aziende di diversi settori e scale scoprono che è meglio gestire i dipendenti in modo saggio, dividendo il tempo tra ufficio, casa e altri luoghi. Gli ambienti di lavoro ibridi creano un'atmosfera di cultura ibrida nelle organizzazioni. Pertanto, i rischi dell'ambiente ibrido possono essere gestiti dai leader solo se possono diventare nuovi leader o diventare leader globali. Nell'ambiente a cultura ibrida esistono diverse concezioni, approcci, percezioni e atteggiamenti. Pertanto, non esiste un unico ambiente di lavoro migliore o un unico modello di lavoro ibrido in cui si possano ottenere le migliori prestazioni da tutti i dipendenti. Ottimizzare e mantenere nuovi tipi di modelli di lavoro in organizzazioni a cultura ibrida con risorse umane le cui esigenze e desideri sono molto diversi tra loro è una delle competenze di leadership nella gestione del rischio. La progettazione di una cultura ibrida inclusiva da parte dei Risk Leader è riconosciuta come il requisito principale per la gestione dei rischi dei nuovi modelli di business. Le carenze comunicative, le diverse interpretazioni e i conflitti che possono sorgere a causa dell'ambiente ibrido e delle differenze culturali tra management e personale, e tra personale e personale, influenzeranno negativamente il clima organizzativo e aumenteranno la gravità e la probabilità degli effetti dei rischi legati alle risorse umane. In pratica, questo modello di sistema è visto come un sistema molto utile, poiché è stato dimostrato che aumenta l'efficienza del lavoro. Quando è stabilito in modo equilibrato, fornisce una riconciliazione tra datore di lavoro e dipendente. Le aziende che applicano approcci ibridi contribuiscono a migliorare la cultura aziendale, dimostrando di avere a cuore la motivazione dei propri dipendenti.

Il "rischio motivazionale" è uno dei fattori determinanti per la performance della vita aziendale e delle organizzazioni di oggi. Il mantenimento della motivazione e la responsabilizzazione del personale durante il periodo della pandemia sono considerate le aree di rischio più importanti per il raggiungimento degli obiettivi organizzativi. Con il nuovo concetto di lavoro, anche il significato di posto di lavoro è cambiato. Il lavoro ibrido, il lavoro da casa, i team virtuali, i team satellite, hanno cambiato il ritmo. Quando il ritmo delle persone viene alterato, anche le loro prestazioni ne risentono. Quando le priorità delle persone cambiano, quando affrontano una grande minaccia, quando il loro equilibrio psicologico è disturbato, questo si riflette sulla loro motivazione e quindi sulle loro prestazioni.

I nuovi contesti aziendali hanno aumentato la necessità di leadership. Si ritiene che il modello di lavoro ibrido abbia un effetto positivo sulla produttività e sulla soddisfazione dei dipendenti, in quanto offre un equilibrio più sano tra lavoro e vita privata. Il modello di lavoro flessibile aiuta anche a trovare il giusto equilibrio tra socievolezza, indipendenza e flessibilità. Può anche essere allettante per attingere ai talenti autonomi e per reclutare e fidelizzare la Generazione Z. Con l'espansione dell'opportunità di operare in modo indipendente dall'ufficio, i dipendenti sperimentano una grande libertà nel creare il proprio spazio di lavoro mentre svolgono i compiti di cui sono responsabili. Questo ambiente di libertà fornisce un senso di appartenenza all'azienda e si traduce in prestazioni efficienti. Lavorare a distanza e in armonia è anche un indicatore di armonia. Le persone che abbracciano la cultura aziendale possono lavorare con diligenza e principi in questa fase. Il modello di lavoro ibrido contribuisce a migliorare l'equilibrio tra vita e lavoro, in quanto offre ai dipendenti maggiore libertà su dove e quando lavorare. La flessibilità e la maggiore libertà offerte ai dipendenti aumentano la soddisfazione sul lavoro e l'adattabilità. Tuttavia, affinché un modello ibrido funzioni efficacemente in diversi scenari, è necessario configurare i processi appropriati e disporre della tecnologia necessaria. Senza le giuste tecnologie, i dipendenti rischiano di non essere informati quando non sono in ufficio. L'empowerment e l'adattamento dei dipendenti a modelli di lavoro flessibili è uno dei punti all'ordine del giorno delle strategie di gestione del rischio e delle risorse umane di oggi.

Nei modelli di lavoro ibridi e flessibili, i dipendenti possono scegliere il modello più adatto alle loro dinamiche lavorative e di vita e possono anche beneficiare della flessibilità di passare da un modello all'altro quando necessario. Questo, a sua volta, favorisce il lavoro regolare e ininterrotto del dipendente, aumentando così le prestazioni. Anche in questo caso, nei modelli di lavoro ibridi e flessibili non è possibile parlare di un unico e migliore metodo corretto per ogni organizzazione o individuo. In base all'approccio contingente, si possono applicare metodi e persino metodi integrati.

Ogni team e ogni individuo ha preferenze lavorative distinte che possono renderlo molto più produttivo. Per questo motivo, ogni giorno si sperimentano metodi diversi per migliorare sempre il modo in cui le persone vivono la loro vita lavorativa in un mondo in continua evoluzione. Attraverso diversi approcci, vengono identificati buoni metodi di lavoro ibridi, adatti alle esigenze e alle necessità aziendali.

Il lavoro ibrido rappresenta un ordine di lavoro misto e una cultura mista nella vita aziendale. Il modello di lavoro ibrido si fa notare sia per la creazione di una coscienza di squadra in ufficio, sia per la libertà dei dipendenti. È noto che i manager o i leader dell'azienda, più che i dipendenti, sostengono questo modello di sistema e vogliono lavorare con questo sistema. La leadership necessaria nei nuovi modelli di business è più importante che mai come fattore determinante per le prestazioni.

L'industria aeronautica è sia un settore di prodotti che di servizi. Anche nei settori dei servizi come l'aviazione civile, gli ambienti, le condizioni di lavoro e i modelli di business stanno cambiando sia nella leadership che in tutti i settori, con l'effetto di nuovi approcci manageriali nell'ambiente aziendale digitalizzato ad alta intensità tecnologica. Periodi di crisi come la pandemia COVID-19, che ha colpito la vita aziendale e sociale negli ultimi anni, hanno accelerato l'impatto del cambiamento, del miglioramento e della trasformazione dei modelli aziendali e lavorativi.

L'industria aeronautica, come molte altre industrie, è una corsa contro il tempo. Le risorse sono preziose e i costi operativi sono elevati. In questo settore, vincolato da rigide normative e obbligato ad assumere personale qualificato e abilitato, nessuno dei due modelli di business offre l'opportunità di ottenere nuove aree di guadagno con costi inferiori. Inoltre, con i nuovi modelli di business è possibile includere nelle risorse umane esperti provenienti da diverse aree geografiche del mondo. L'industria aeronautica, che è di fatto globale, ha iniziato a lavorare a livello mondiale grazie ai nuovi modelli di business.

L'ascesa di nuovi modelli di lavoro, come il telelavoro e gli accordi di lavoro ibridi, ha portato nuove sfide per le imprese e le aziende. Se le aziende non sono abbastanza brave a orientarsi e ad adattarsi alla nuova situazione, si creeranno le premesse per affrontare i rischi legati alle minacce.

I manager esecutivi, insieme ai leader del rischio, devono analizzare bene le caratteristiche del nuovo ambiente di lavoro e di business e devono essere in grado di utilizzare i nuovi modelli di business per cogliere le opportunità commerciali, semplificare l'uso delle risorse e sviluppare le capacità. La selezione e la gestione di questi nuovi modelli di lavoro gioca un ruolo cruciale nel raggiungimento di questi obiettivi. Perché i rischi portati da questi nuovi modelli di lavoro influenzano anche la cultura aziendale, la motivazione individuale e le prestazioni. A questo proposito, gli effetti istituzionali olistici dei nuovi modelli di lavoro devono essere ben analizzati e interpretati con la gestione del rischio. A questo punto, la responsabilità maggiore spetta al risk leader.

Nei nuovi modelli di lavoro, le fonti di rischio (soprattutto minacce) sono diverse rispetto ai sistemi di lavoro tradizionali. anche tutte le fonti di rischio dei nuovi modelli di lavoro sono sconosciute. questo significa anche che i rischi esistono. Ecco perché i leader hanno più che mai bisogno della gestione del rischio aziendale quando implementano nuovi modelli di business.

La fuga di informazioni è sempre stata uno dei rischi principali sia per i modelli di lavoro tradizionali che per quelli nuovi. Nell'ambiente operativo e aziendale, digitalizzato e sotto l'influenza dell'intelligenza artificiale, questi rischi sono diversi, ma mantengono la loro priorità. I dipendenti possono accedere alle reti aziendali dall'esterno dell'ufficio, dato che i nuovi modelli di lavoro consentono anche il lavoro a distanza. In questo senso, la gestione, il controllo e il monitoraggio dei rischi legati alla cybersecurity sono diventati ancora più critici in un ambiente dominato dal digitale e dall'intelligenza artificiale. Sebbene i top manager gestiscano questa apertura utilizzando la WPN nella comunicazione con i dipendenti, dal momento che questi ultimi possono accedere facilmente alle informazioni aziendali, hanno a disposizione spazi più ampi per diffondere queste informazioni e utilizzarle in modo malevolo.

L'accesso alle informazioni sensibili da remoto o dall'esterno dell'ufficio aumenta anche le preoccupazioni relative alla privacy dei dati. A questo proposito, è importante che sia i manager che i dipendenti preparino e implementino le politiche di protezione dei dati con una buona dose di riflessione. Se i rischi connessi sono ben analizzati e gestiti in modo efficace, ciò può favorire la capacità organizzativa, le prestazioni dei dipendenti e la produttività.

I nuovi modelli di lavoro ibridi sono oggi applicati a ritmi diversi in molti Paesi sviluppati o in via di sviluppo del mondo. Molte aziende sono passate al modello di lavoro ibrido perché la produttività dei dipendenti che sperimentano il privilegio di lavorare in ufficio e da casa allo stesso tempo è aumentata in modo significativo. Alcune delle aziende che sono passate al modello ibrido in Turchia sono: Eczaciba§i, Trendyol, Onedio, Akbank, Yemek Sepeti, Sabanci Holding, Dogu§ Group e Turkcell. Il Gruppo Eczaciba§i trasforma i modelli di lavoro flessibile che ha implementato dal 2013 e i modelli di lavoro a distanza che sono in corso dal 2016, in una forza lavoro dinamica. Eczaciba§i Group, che ha convertito il suo personale di vendita sul campo in Turchia in un ordine di lavoro a distanza a partire dal 1° gennaio 2021, ha condiviso il nuovo ordine di lavoro in cui il 60% dei suoi impiegati lavorerà a distanza o in un accordo ibrido a partire dal 1° luglio 2021, con il motto "Abbiamo indirizzi diversi, abbiamo la stessa sede". (https://www.aa.com.tr/tr/sirkethaberleri/sirketler/is-dunyasi-ofis-disinda- calismayi-sevdi/665923, 07 novembre 2022)

Dopo le pratiche di lavoro flessibile che hanno fatto la differenza nel settore, ING ha iniziato a lavorare su nuovi modelli che continueranno la sua leadership in questo campo prima del periodo epidemico, sviluppando altri 4 nuovi modelli di lavoro in questa direzione e mettendoli in pratica a partire dal 1° gennaio 2021. Questi modelli sono elencati come "Flexi 365", "My Weekly Flexi", "My Week 3 and 4 Days Flexi", e ING Turchia ha ricevuto un feedback molto positivo dai suoi dipendenti dopo l'implementazione dei nuovi modelli di lavoro. (https://www.ing.com.tr/tr/sizin- icin/diger-urun-ve-hizmetler/ik-calisma-modelleri, 07 novembre 2022)

ING Turchia dà priorità alla flessibilità, alla libertà e all'innovazione, a condizione che vengano soddisfatte le esigenze dell'azienda e che vengano rispettati i requisiti normativi e le responsabilità legali in tutte le sue implementazioni, compresi i nuovi modelli di lavoro. (https ://www.aa.com.tr/tr/sirkethaberleri/sirketler/is-dunyasi-ofis- disinda-caiismayi-sevdi/665923) Le aziende possono costruire con successo nuove capacità adattando gli strumenti, le tecnologie e le interazioni digitali a una serie di cinque principi ben consolidati sul modo in cui gli adulti apprendono, principi fondati sulle scienze dell'apprendimento, dei cambiamenti neurologici e comportamentali. (https://www.mckinsey.com/capabilities/operations/our-insights/everyone-is-within-learning-distance-building- skills-remotely):

• *Pratica e applicazione:* In sostanza, si offre alle persone l'opportunità di imparare facendo (e sbagliando). Poi, applicano il nuovo pensiero nel loro lavoro.

• *Rinforzo e distanziamento:* L'apprendimento inizia in un forum; le persone applicano poi le lezioni sul campo. Tornano al forum per continuare a migliorare, riapplicando le lezioni con livelli crescenti di difficoltà e feedback.

• *Esperienze intense e coinvolgenti:* Fornire ambienti di apprendimento che coinvolgano le emozioni, i sensi e le esperienze basate su storie che catturano l'attenzione dei discenti, contribuendo così ad aumentare la ritenzione.

• *Apprendimento sociale e collaborazione:* Lasciate che le persone si esercitino e discutano le lezioni con gli altri. In questo modo si approfondisce il loro impegno, si mettono in luce nuove prospettive e intuizioni e si promuove una cultura di apprendimento continuo.

• *Motivazione e mentalità:* Quando i contenuti di apprendimento rispondono alle esigenze delle persone, gli studenti si impegnano, acquistano fiducia in se stessi e crescono.

Nel settore dell'aviazione, i nuovi modelli di lavoro vengono applicati a ritmi e modi diversi sia nelle componenti di servizio che in quelle di formazione. Poiché l'aviazione è un settore di servizi basato sulla sicurezza, la selezione e l'implementazione di modelli di business da utilizzare su questa base è considerata un punto critico. Ad esempio, Star Flyer, una compagnia aerea giapponese che si posiziona come una via di mezzo tra le compagnie low-cost e quelle a servizio completo, ha lanciato un abbonamento mensile ai voli per i lavoratori che devono recarsi spesso a Tokyo ma non vogliono viverci. (https:/ /www.thestreet.com/investing/airline- offerte-abbonamento-volo)

Il modello ibrido può essere considerato un'opportunità in base alla prospettiva della gestione del rischio. Nel settore dell'aviazione, un ambiente di lavoro ibrido significa flessibilità per viaggi sempre più frequenti. A questo punto, i nuovi modelli di lavoro sono visti come nuove opportunità di guadagno per l'industria dell'aviazione (in particolare per le compagnie aeree e gli aeroporti).

I manager ritengono che i nuovi modelli di lavoro possano svolgere il ruolo di elemento di supporto per superare gli effetti della regressione nel processo pandemico. per questo motivo, i nuovi modelli di lavoro non sono limitati ai dipendenti, ma sono molto di più. quando valutiamo i nuovi modelli di lavoro con la prospettiva della gestione del rischio, i nuovi modelli di lavoro basati sugli effetti collaterali hanno il potenziale per creare nuove opportunità che non sono state affrontate fino ad oggi. *(Leggi: United airlines https://fortune.com/2022/10/19/united-airlines-hybrid-work- boost-ticket-sales-q3-2022-earnings/*

Soprattutto in tempi di crisi, le organizzazioni aeronautiche si sono concentrate sull'implementazione di nuovi modelli di business per scopi e motivi diversi. Fermarsi nel settore dell'aviazione è sinonimo di danno. Ogni volta che gli aerei si fermano a terra, la compagnia aerea ne risente. Per questo motivo, i nuovi modelli di lavoro sono stati messi in pratica maggiormente per prevenire il maggior numero di tempi di inattività e interruzioni operative nel settore dell'aviazione. A causa delle caratteristiche settoriali dell'aviazione, i componenti del servizio devono essere uniti. È aumentato anche il numero e la varietà dei sistemi controllabili e telecomandabili, come il telerilevamento e la misurazione della temperatura negli aeroporti. A questo proposito, nuovi modelli di business hanno fornito modi alternativi per garantire la continuità. Con il supporto della tecnologia aeronautica, è possibile migliorare il livello di sicurezza e protezione.

Le compagnie aeree si sono anche assunte la responsabilità di fornire ai propri dipendenti gli strumenti e i vantaggi necessari per svolgere il proprio lavoro. Per esempio, attualmente alcune compagnie aeree forniscono ai dipendenti computer portatili personali o pacchetti internet ovunque e l'attrezzatura necessaria per l'utilizzo della tecnologia digitale. In questo modo non solo si crea un sostegno finanziario e si crea un ambiente di lavoro motivato. Questo supporto organizzativo fornisce anche il sostegno necessario ai dipendenti per svolgere il proprio lavoro in modo più efficace e continuativo (https://kanboapp.com/blog/how-airline-and-aviation- industries-are-redefining-remote-work-with-kanbo/, visitato il 19 gennaio 2023).

Nei diversi sottosistemi dell'industria aeronautica, i nuovi modelli di business vengono implementati a ritmi diversi. Le compagnie aeree si stanno ora muovendo per abbracciare la manutenzione remota, in quanto fornisce risorse, forza lavoro ed efficienza operativa. (ibidem)

Le compagnie aeree e le MRO vedono ovviamente il vantaggio di passare a operazioni più mobili e senza carta, ma ci sono sempre stati ostacoli tecnologici e normativi che li hanno ostacolati. (Dutton, 2020).

Sebbene le operazioni di manutenzione a distanza offrano una notevole efficienza in termini di forza lavoro e di lavoro, non hanno ancora fatto un salto di qualità nel settore dell'aviazione, ma secondo Dan Dutton (Dutton, 2020), possono fungere da catalizzatore per le applicazioni di manutenzione a distanza compatibili con il COVID-19. L'uso della tecnologia e dei sistemi di controllo remoto è molto importante nel campo della manutenzione e della riparazione. Alcuni sistemi remoti sono stati utilizzati nei settori manifatturieri prima della pandemia, come di seguito riportato. (SATAIR, 2018).

- *Uso dei robot nei lavori di manutenzione e riparazione*
- *Uso del drone*
- *Produzione additiva*
- *Realtà aumentata per la formazione MRO*
- *Blockchain in MRO*
- *Analisi, intelligenza artificiale e apprendimento automatico*

British Airways ha offerto ai suoi dipendenti l'opzione del lavoro ibrido, che consente di lavorare da casa o dall'ufficio. La compagnia aerea sta inoltre valutando la vendita della sede di Waterside, vicino all'aeroporto di Heathrow. Stuart Kennedy, uno dei direttori della compagnia aerea, ha dichiarato nel suo messaggio ai dipendenti che uno dei pochi risultati positivi della pandemia è stato che il personale è stato in grado di gestire il proprio modo di lavorare a distanza. Kennedy, affermando di ritenere che l'ambiente d'ufficio ideale per il futuro sarà "forse meno scrivanie fisse e spazi di riunione più confortevoli, e dovremmo anche considerare il benessere dei nostri colleghi". In un'altra dichiarazione di British Airways, si afferma che la maggior parte dei dipendenti dell'epidemia globale ha ottenuto efficienza dal modello di lavoro a distanza e questo modello ha accelerato il loro approccio per offrire metodi di lavoro più agili e flessibili (BBC, 2021).

United Airlines ha adottato uno stile di vita ibrido. una delle più grandi compagnie aeree degli Stati Uniti, con sede a Chicago, Illinois, ha pubblicato modelli di lavoro ibridi a distanza, completamente a distanza, part-time e temporanei in base alle posizioni dopo la pandemia (flexjobs, data di accesso): 2022). Il 2020 è stato senza dubbio l'anno più impegnativo per l'aviazione. Tra i concetti di New Business che fungono da catalizzatore per ridurre gli effetti di questo processo, quello più diffuso negli aeroporti è la digitalizzazione. Molti esperti del settore vedono nella digitalizzazione non solo un mezzo per affrontare la pandemia, ma anche una chiave per il processo di riavvio e recupero (ACI Insights, 2021).

TAV Airports, l'operatore degli aeroporti turchi di Antalya (50%), Izmir Adnan Menderes, Esenboga, Gazipaşa-Alanya, Bodrum-Milas, ha menzionato l'importanza della digitalizzazione nel suo rapporto annuale per il 2020 e ha dichiarato che l'improvvisa digitalizzazione che si è dovuta affrontare durante il processo pandemico ha accelerato la crescita dell'e-commerce per circa 5 anni, ed è stato detto che l'accelerazione ottenuta nell'e-commerce sosterrà l'aumento del traffico merci a livello mondiale (TAV Airports, 2020). TAV ha digitalizzato e introdotto nuove tecnologie nel proprio processo di servizi (TAV Technologies, Retrieved 2022):

Monitoraggio del flusso dei passeggeri Controllo della temperatura corporea

Viaggi aerei senza contatto
Processi di disinfezione completi Schermi informativi
Code e controlli di occupazione
Check-in bagagli non presidiato

La leadership del rischio nei nuovi modelli di lavoro

La gestione del rischio è una funzione del sistema manageriale che si svolge nell'era organizzativa e si integra con tutti i sistemi manageriali e può essere attuata sotto la guida del top management. Il processo decisionale è un processo strategico. I decisori finali sono i dirigenti. La progettazione, la definizione, la titolarità e l'attuazione della gestione del rischio specifica per l'organizzazione sono di competenza dell'alta direzione. Grazie al risk leader, la gestione del rischio può essere attuata in tutta l'organizzazione, con prestazioni elevate e in modo coordinato. La leadership nei nuovi modelli di lavoro richiede un approccio più democratico, flessibile e collaborativo. È fondamentale che i leader sviluppino queste qualità e si rinnovino costantemente, gestiscano i rischi aziendali e raggiungano gli obiettivi aziendali insieme alle loro strategie.

Il risk leader è fondamentale per l'appropriazione della gestione dei rischi aziendali da parte di tutti i dipendenti e per la volontà di utilizzare le loro capacità e competenze individuali nella gestione dei rischi aziendali, in quanto le prestazioni individuali influiscono sul livello delle prestazioni aziendali.

La leadership globale del rischio è essenziale per il successo delle organizzazioni in un ambiente di business sempre più complesso e incerto. La leadership del rischio nei nuovi modelli di lavoro richiede un approccio proattivo e adattivo che dia priorità all'identificazione e alla mitigazione dei rischi, promuovendo al contempo una cultura di resilienza e conformità. La leadership del rischio è la pratica di identificare, valutare e gestire i rischi all'interno di un'organizzazione. Comporta l'adozione di un approccio proattivo alla gestione del rischio e l'implementazione di strategie che aiutino a mitigare i rischi potenziali.

Caratteristiche del leader del rischio globale

In un ambiente operativo complesso e dinamico come quello dell'aviazione, l'attenzione ai dettagli, la capacità di giudizio, l'integrità e la capacità di mantenere la calma sotto pressione sono altre qualità importanti per un risk leader nel settore della gestione e della strategia dell'aviazione. È importante notare che le qualifiche specifiche richieste a un risk leader in tutti i settori e in tutte le aziende possono variare a seconda delle dimensioni e della complessità dell'organizzazione, della natura delle sue operazioni e del contesto normativo.

Un'efficace leadership del rischio richiede una forte comprensione, valutazione e commento dei rischi che un'organizzazione deve affrontare, nonché la capacità di comunicare efficacemente con gli stakeholder e i responsabili delle decisioni. Ciò può includere la conduzione di valutazioni del rischio, lo sviluppo di piani di gestione del rischio e la definizione di protocolli per rispondere ai rischi potenziali, oltre allo sviluppo di strategie per impostare il quadro di gestione del rischio in modo personalizzato per l'azienda.

Oltre alla gestione dei rischi, la leadership del rischio comprende la preparazione di scenari di rischio, la realizzazione di proiezioni con una prospettiva visionaria, l'individuazione di opportunità derivanti dai rischi al momento giusto e la loro cattura. Inoltre, i risk leader devono riconoscere e implementare o guidare l'implementazione di nuove tecnologie o processi che possono aiutare a perseguire e catturare nuove opportunità di business e forse anche nuovi modelli operativi, sviluppare nuovi prodotti, processi o servizi, o aiutare a gestire i rischi e migliorare le prestazioni organizzative e migliorare la capacità organizzativa.

In tutti i settori, la leadership del rischio è una componente essenziale di una gestione efficace, in quanto aiuta le organizzazioni a navigare in un ambiente aziendale in rapida evoluzione e sempre più complessoLa leadership nei nuovi modelli di lavoro richiede un approccio più flessibile e collaborativo rispetto alle tradizionali strutture gerarchiche. Per stare al passo con le dinamiche mutevoli del mondo degli affari e per favorire l'interazione tra i dipendenti, i leader devono avere competenze e stili di gestione diversi. La leadership nei nuovi modelli di lavoro richiede un approccio contemporaneo, una struttura organizzativa basata su gerarchie snelle, un approccio flessibile e collaborativo. È importante che i leader sviluppino queste qualità e si rinnovino costantemente, per dimostrare una leadership di successo. La leadership del rischio globale nella gestione della sicurezza aerea si riferisce alla capacità di identificare, analizzare e mitigare i rischi al di là dei confini e delle culture nel settore dell'aviazione. Di seguito sono elencate alcune delle caratteristiche principali della leadership del rischio globale nella gestione della sicurezza aerea:

Caratteristiche principali dei leader del rischio globale

Prospettiva e visione globale
Mentalità di miglioramento continuo
Gestione delle diversità e inclusione
Pensiero strategico e resilienza
Competenza nella progettazione della gestione del rischio a livello aziendale
Impostazione e gestione del team, collaborazione e comunicazione Competenze NONTECH
Capacità di risoluzione di problemi multi-criteriali e di prendere decisioni critiche competenze TECH & NONTECH
Flessibilità, apertura all'innovazione e adattamento al cambiamento Competenze NONTECH
Conoscenza tecnica e conformità normativa Competenze tecniche
Gestione delle crisi

Figura 2 Caratteristiche principali dei leader del rischio globale

i. Prospettiva e visione globale: I leader devono avere una prospettiva globale e una comprensione olistica dei fattori culturali, politici ed economici che possono influenzare il raggiungimento della strategia e degli obiettivi aziendali e dei rischi posti dall'interazione di questi fattori. I nuovi leader del rischio devono avere una visione chiara di dove vogliono portare la loro organizzazione o il loro team ed essere in grado di comunicare questa visione agli altri con ispirazione e motivazione.

ii. Gestione della diversità e inclusione: Nell'ambiente operativo globale, i leader del rischio devono essere in grado di gestire la diversità delle risorse umane e di sviluppare una strategia e un modello di gestione del rischio delle risorse umane che comprenda gli elementi che compongono questa diversità. Anche la cultura aziendale deve essere sviluppata con strategie adeguate a questi aspetti.

iii. Pensiero strategico e resilienza: I leader del rischio globale devono avere la capacità di pensare in modo strategico e di pianificare, creare visioni e sviluppare scenari per il successo a breve, medio e lungo termine della loro organizzazione. I leader devono essere in grado di adattarsi a condizioni mutevoli e, quando necessario, di apportare modifiche e miglioramenti ai sistemi di gestione del rischio in base alle condizioni della situazione.

iv. Competenza nella progettazione della gestione del rischio a livello aziendale: Ogni settore è intrinsecamente rischioso e i leader efficaci devono essere in grado di identificare, valutare e gestire i rischi in modo efficace. I leader devono avere una solida esperienza nella gestione del rischio ed essere in grado di identificare i rischi potenziali e le loro fonti che potrebbero influire sulla sicurezza dell'aviazione, sviluppare scenari di rischio, interpretare e valutare l'interazione dei rischi e mitigarne gli effetti negativi, nonché essere in grado di identificare e cogliere le eventuali opportunità che i rischi potrebbero presentare.

v. Gestione del team, collaborazione e comunicazione: La collaborazione e il lavoro di squadra sono fondamentali nel settore dell'aviazione e i leader devono essere in grado di creare e gestire team ad alte prestazioni. Ad esempio, è importante che i Risk Leader siano in grado di collaborare e comunicare efficacemente con tutte le parti interessate del settore dell'aviazione, tra cui agenzie governative, compagnie aeree, aeroporti e altre organizzazioni. Anche le capacità di comunicazione efficace, persuasiva e di guida sono fondamentali per i Risk Leader per comunicare idee, delegare compiti e fornire feedback. I leader devono essere in grado di creare e gestire un team coeso. Devono essere in grado di motivare i membri del team e creare un ambiente di lavoro positivo. A titolo di esempio, una comunicazione chiara ed efficace è essenziale nel settore del trasporto aereo, soprattutto nei momenti di crisi o di crisi.

emergenza. I leader devono essere in grado di comunicare in modo chiaro e veloce con il proprio team, con i passeggeri e con gli altri stakeholder. Una comunicazione efficace è essenziale per una leadership di successo nel trasporto aereo. I leader devono essere in grado di comunicare in modo chiaro e conciso con i membri dell'equipaggio, i piloti, il controllo del traffico aereo e i passeggeri.

vi. Risoluzione di problemi a più criteri e processo decisionale critico: Nel settore dell'aviazione, i leader devono spesso prendere decisioni rapide, talvolta in situazioni di forte pressione. I leader devono essere in grado di raccogliere informazioni, analizzarle e prendere decisioni in modo rapido e sicuro. I Risk Leader devono essere in grado di analizzare e interpretare i dati, sia qualitativamente che quantitativamente, per prendere decisioni informate, rapide e critiche sulla sicurezza dell'aviazione. I Risk Leader devono essere in grado di prendere decisioni difficili in modo rapido ed efficace, soprattutto in situazioni di alta pressione. Inoltre, il trasporto aereo è un settore complesso e i leader devono essere in grado di risolvere i problemi in modo rapido ed efficace. Devono avere una mentalità creativa e innovativa per trovare soluzioni a problemi complessi.

vii. Flessibilità, apertura all'innovazione e adattamento al cambiamento: ad esempio, il settore dell'aviazione è in continua evoluzione e i leader devono essere adattabili e aperti al cambiamento. Devono essere disposti ad apprendere e ad adottare nuove tecnologie, processi e procedure per rimanere al passo con la concorrenza.

viii. Mentalità di miglioramento continuo: È importante che i leader abbiano una mentalità di miglioramento continuo e imparino a trarre insegnamento dagli incidenti e dai quasi incidenti per migliorare continuamente la capacità di sicurezza dell'aviazione e migliorare le prestazioni associate.

ix. Conoscenze tecniche e conformità alle normative: I leader del trasporto aereo devono avere una conoscenza tecnica degli aeromobili, dei regolamenti dell'aviazione e dell'industria aeronautica. Devono essere consapevoli degli ultimi sviluppi tecnologici e delle tendenze del settore. I leader del settore aereo devono avere una comprensione solida e multidisciplinare degli aspetti tecnici del settore, compresi i regolamenti, le procedure di sicurezza e le pratiche di manutenzione. Devono essere in grado di vedere e interpretare gli aspetti tecnici, sociali e ambientali delle attività e delle operazioni nel trasporto aereo. In generale, una leadership efficace nel settore dell'aviazione richiede una combinazione di competenze tecniche e non tecniche. Ha limiti rigorosi stabiliti dalle normative dell'aviazione. I Risk Leader devono avere familiarità con i requisiti normativi e hanno abbracciato l'attività assicurando la conformità a tutti i regolamenti e gli standard pertinenti, ma non devono limitarsi alla sola legislazione.

x. Capacità di gestione dello stress, dei conflitti e delle crisi: Il leader del rischio deve avere la capacità di rimanere calmo, controllato e concentrato, anche in condizioni di forte stress. I leader devono essere in grado di gestire efficacemente le crisi e le emergenze che possono influire sulla sicurezza dell'aviazione, come disastri naturali o attacchi terroristici. Le capacità di leadership, sia tecniche che non tecniche, sono determinanti per la gestione dei rischi e il raggiungimento degli obiettivi aziendali in tutto il settore. La comunicazione efficace, il processo decisionale, il know-how, la risoluzione di problemi a più criteri, il team building, la consapevolezza della situazione e l'adattabilità sono competenze importanti per i leader dell'aviazione. Nei nuovi ambienti di lavoro in rapida evoluzione, è essenziale creare una cultura della resilienza per consentire ai dipendenti di adattarsi alle nuove sfide. I leader del rischio devono promuovere una cultura che incoraggi i dipendenti a parlare dei rischi e a condividere le loro idee per mitigarli.

Nuovi leader e diversità Gestione e inclusione

La strategia dei leader del rischio globale per i loro ruoli vitali nella gestione della diversità
e nell'inclusione

I leader globali svolgono un ruolo fondamentale nella gestione dei rischi legati alla gestione della diversità e all'inclusione in un ambiente di lavoro globale ed emergente. Il multiculturalismo e la diversità nell'ambiente aziendale globale presentano molte e diverse opportunità e minacce. I leader del rischio globale devono essere in grado di gestire la diversità delle risorse umane e di sviluppare una strategia e un modello di gestione del rischio delle risorse umane che coprano gli elementi che compongono questa diversità, per l'opportunità di sviluppare prospettive sfaccettate e competenze di base.

Lo sviluppo di strategie di gestione e inclusione della diversità è l'area di definizione della gestione delle risorse umane per i leader del rischio per sviluppare la capacità di gestione del rischio in tutta l'organizzazione. Queste strategie di gestione del rischio delle risorse umane hanno un ruolo decisivo nel raggiungere e mantenere il livello di performance desiderato nella gestione del rischio in un ambiente aziendale multiculturale. La gestione della diversità si riferisce al processo con cui i risk leader creano un ambiente di lavoro inclusivo che valorizza la diversità e incoraggia la collaborazione tra i dipendenti con background, culture e prospettive diverse, in modo che tutti possano contribuire alla gestione del rischio. Prospettive ed esperienze diverse possono fornire un vantaggio strategico nella gestione del rischio nel prendere decisioni su tutti i rischi aziendali dell'impresa. Pertanto, in settori come quello aerospaziale, avere una forza lavoro diversificata è un'area di rischio significativa e opportunistica. Ciò può contribuire a una valutazione e a un processo di gestione del rischio più completi e, in ultima analisi, alla creazione di un sistema aeronautico più sicuro ed efficiente.

I leader del rischio globale sono persone esperte nell'identificazione, nella valutazione e nella gestione dei rischi nelle organizzazioni aeronautiche complesse. Coinvolgendo i risk leader in tutte le aree del processo decisionale manageriale e strategico, le organizzazioni possono garantire che le valutazioni dei rischi siano complete e le strategie di riduzione dei rischi efficaci.

I leader di Global Risk hanno a disposizione alcune strategie chiave per gestire in modo inclusivo le risorse umane multiculturali e diversificate delle loro organizzazioni. Queste sono particolarmente importanti per riconoscere le opportunità organizzative della diversità e per incorporare le capacità individuali in quelle organizzative. La collaborazione e la sinergia sono essenziali per l'efficienza del team. In particolare, lo sviluppo di politiche e procedure che promuovano la comprensione e il rispetto di culture e prospettive diverse e l'organizzazione di seminari o corsi di formazione per la loro diffusione possono avere un effetto di sostegno e sensibilizzazione. Anche la progettazione e l'attuazione di un processo di reclutamento inclusivo che raggiunga candidati con background ed esperienze diverse e che possa coinvolgere candidati provenienti da culture diverse è considerata una delle principali strategie di rischio. Fornire ai leader del rischio formazioni basate sulle risorse umane e opportunità di empowerment e autosviluppo per sviluppare le loro competenze, conoscenze e abilità nel campo della diversità e dell'inclusione li supporterà anche nella realizzazione delle loro strategie.

La comunicazione è l'elemento chiave per la realizzazione di qualsiasi strategia. Da questo punto di vista, l'alta direzione dovrebbe incoraggiare la collaborazione e la comunicazione dei leader del rischio con gli stakeholder esterni, come le autorità del contesto aziendale, i regolatori, i revisori, i concorrenti e i fornitori. Attraverso queste strategie, le organizzazioni possono creare una cultura del rischio che valorizzi la diversità e l'inclusione e sostenga una gestione efficace del rischio.

La gestione della diversità si riferisce alla pratica di ricercare e abbracciare attivamente la diversità sul posto di lavoro, tra cui razza, genere, età, etnia, religione, orientamento sessuale e altro ancora. L'obiettivo della strategia di gestione basata sulla diversità e sull'inclusione nella gestione del rischio è quello di creare una cultura del rischio in cui tutti i dipendenti si sentano valorizzati e inclusi, e in cui le diverse prospettive ed esperienze siano rispettate e utilizzate. Questo ambiente culturale sosterrà i dipendenti a contribuire alla gestione del rischio e a essere coinvolti nel processo di gestione del rischio con le proprie conoscenze, esperienze e commenti. Come sottolineato nel Corporate risk management framework pubblicato dal COSO, la gestione del rischio è efficacemente implementata in un ambiente in cui tutti sono gestori del rischio e fornisce una "ragionevole" garanzia di raggiungimento degli obiettivi aziendali.

Con strategie complete per la gestione e l'inclusione della diversità, i leader del rischio possono aiutare le organizzazioni a creare una cultura della sicurezza e del rischio sul lavoro più innovativa, efficace e resiliente. Ricercando e abbracciando attivamente la diversità e garantendo l'inclusione di persone con background diversi nei ruoli di leadership, le organizzazioni possono gestire meglio il rischio e adattarsi alle circostanze in evoluzione. Inoltre, la creazione di una cultura inclusiva può contribuire ad attrarre e trattenere i migliori talenti e ad aumentare il coinvolgimento, il morale e la produttività dei dipendenti. Pertanto, l'organizzazione che sviluppa le proprie capacità sarà più vicina a raggiungere i propri obiettivi aziendali applicando la gestione del rischio in modo più efficace e corretto.

Nuovi modelli di lavoro per le organizzazioni multiculturali

I modelli di lavoro nuovi e ibridi sono diventati popolari negli ambienti multiculturali in cui si incontrano persone di culture e stili di lavoro diversi. I modelli di lavoro ibridi offrono un approccio flessibile che combina sia il lavoro in un ufficio fisico sia il lavoro a distanza. Inoltre, i nuovi modelli di lavoro facilitano la cooperazione tra dipendenti di culture diverse, contribuendo a garantire flessibilità ed equilibrio. Questi modelli si stanno diffondendo con lo sviluppo della tecnologia e consentono alle aziende di sfruttare al meglio la diversità culturale. Per cogliere tutte queste opportunità, i leader devono scegliere i nuovi modelli di lavoro più adatti all'organizzazione.

I team globali si distinguono come una delle maggiori opportunità dei nuovi modelli di lavoro. Perché in ambienti multiculturali le aziende possono spesso formare team globali di dipendenti provenienti da regioni diverse. Grazie ai nuovi modelli di business, i problemi e i costi legati al tempo-spazio possono essere superati in larga misura. è possibile svolgere un lavoro più qualificato. perché, grazie ai nuovi modelli di business, è possibile beneficiare di diverse prospettive culturali, rifletterle sul progetto o sul lavoro e trarre vantaggio dalla diversità.

Rischi dei nuovi modelli di lavoro

I nuovi modelli di lavoro possono creare sia benefici/opportunità che rischi per un'organizzazione. Quando queste opportunità e minacce sono ben analizzate e valutate, possono essere gestite per migliorare la capacità istituzionale. Si prevede che nel processo di implementazione di nuovi modelli di lavoro si incontrerà innanzitutto una resistenza. le persone tendono a mantenere e a conservare la situazione attuale secondo la "legge del movimento". Quando vengono implementati nuovi modelli di lavoro, i dipendenti si opporranno a questo cambiamento, soprattutto perché le loro routine quotidiane o le loro responsabilità lavorative potrebbero essere influenzate. Questa resistenza si riflette sulle prestazioni individuali dei dipendenti e può ridurne il rendimento e la motivazione.

Se i nuovi modelli di lavoro non sono chiaramente definiti e comunicati ai dipendenti dell'organizzazione, possono creare confusione nell'adempimento dei compiti e delle responsabilità da parte dei dipendenti. Questa complessità può anche creare incertezza su come i dipendenti svolgeranno il loro lavoro. L'incertezza nell'area dei ruoli e delle responsabilità è una delle maggiori fonti di rischio in termini di risorse umane in un'organizzazione. È importante notare che i nuovi modelli di lavoro possono richiedere nuove tecnologie o sistemi con cui i dipendenti non hanno familiarità. Ciò può essere percepito come difficile da apprendere, controllare e adattare per i dipendenti. Ciò può creare difficoltà tecniche e ritardi o errori nello svolgimento del loro lavoro.

Le organizzazioni dispongono di risorse limitate e le risorse globali necessarie per la produzione stanno diminuendo. Di conseguenza, i costi operativi aumentano. L'implementazione di nuovi modelli di lavoro può richiedere risorse aggiuntive, come la formazione, la tecnologia o l'assunzione di nuovo personale, con conseguente aumento dei costi. tuttavia, non bisogna dimenticare che i nuovi modelli di business aumenteranno la produttività nel lungo periodo, poiché miglioreranno la capacità rispetto ai modelli tradizionali. pertanto, i nuovi modelli di business hanno l'opportunità di ammortizzare l'investimento in breve tempo. Se non si riesce a padroneggiare le nuove tecnologie, si creerà un vuoto di vulnerabilità e minacce. I nuovi modelli di lavoro hanno anche una progettazione e un funzionamento prevalentemente digitali e basati sull'intelligenza artificiale. I nuovi modelli operativi possono richiedere l'uso di nuove tecnologie o strumenti che potrebbero non essere stati ampiamente testati per la sicurezza, lasciando l'organizzazione vulnerabile ai cyberattacchi.

Per ridurre al minimo tutte le minacce e cogliere le opportunità, le organizzazioni devono pianificare e comunicare con largo anticipo i cambiamenti nei modelli di business e di lavoro, fornire una formazione e un supporto adeguati per costruire la capacità in questo senso e garantire l'adozione di misure di sicurezza. Per rafforzare i dipendenti durante questo processo, è necessario fornire loro un feedback continuo e le informazioni necessarie.

Un nuovo concetto di rischio nelle risorse umane: Costruzione di capacità a distanza

I leader eccellenti fanno di tutto per aumentare l'autostima del proprio personale. Se le persone credono in se stesse, è incredibile ciò che possono realizzare. -Sam Walton

Per avere successo nell'ambiente della trasformazione digitale, le aziende devono concentrarsi su nuove capacità come l'alfabetizzazione digitale, la flessibilità e il lavoro a distanza. Il lavoro a distanza o ibrido può dare alle persone la possibilità di integrarsi. Inoltre, i dipendenti e gli studenti hanno la possibilità di acquisire nuove conoscenze e competenze con un ritmo più naturale, lavorando e studiando da remoto. Può anche offrire la possibilità di integrare l'apprendimento nel lavoro quotidiano, al fine di applicare e mantenere le nuove conoscenze e competenze nella vita.

I nuovi modelli di lavoro influenzano sia il modo in cui viene svolto il lavoro sia le persone che lo svolgono. Se da un lato la pandemia stessa ha cambiato drasticamente il tenore di vita, dall'altro la resilienza degli esseri umani è stata messa alla prova quando i cambiamenti delle condizioni di lavoro si sono aggiunti con grande slancio. In questo senso, sono necessari più leader globali che mai. Nell'ambiente di lavoro globale, si è capito che le persone hanno bisogno di motivazione più di ogni altra cosa.

Sebbene non sia possibile sostituire l'interazione personale e l'esperienza a 360 gradi dei programmi in presenza, la creazione di capacità a distanza può essere utile alle aziende mentre continuano a navigare attraverso la pandemia. Poiché non richiede spostamenti o una logistica particolare, la formazione a distanza può essere avviata più facilmente e integrata senza problemi nella vita lavorativa quotidiana delle persone. In definitiva, il rafforzamento delle capacità a distanza può - e dovrebbe - diventare una componente integrale e un complemento dei tradizionali programmi in presenza, anche dopo la fine della pandemia.(Dutta et all, 2021) *(https://www.mckinsey.com/capabilities/operations/our-insights/everyone-is-within-learning-distance-building-skills-remotely)*

Se guardiamo al prossimo secolo, i leader saranno coloro che daranno potere agli altri. -Bill Gates

Con l'impatto di crisi e cambiamenti e gli sviluppi nei campi della trasformazione digitale e dell'intelligenza artificiale, ci troviamo in una vita lavorativa che sta cambiando e soprattutto si sta trasformando. Anche le dinamiche della forza lavoro in questo nuovo settore si stanno evolvendo. Come ultima e più grave ragione, durante il processo COVID-19, le organizzazioni hanno aumentato la percentuale di lavoro a distanza o part-time e gli elementi di digitalizzazione, mentre continuano negli uffici a sostenere la durata e la sostenibilità dei loro asset con manovre più rapide e difficili. questo ha cambiato sia gli stili di lavoro che la terminologia lavorativa. In base ai cambiamenti e alle trasformazioni di questo lavoro, sono cambiati anche i rischi nell'ambito della vita lavorativa, delle risorse umane, della gestione delle prestazioni e della leadership.

Quando esiste un modello di lavoro flessibile, non è possibile parlare dell'unico metodo giusto per ogni organizzazione o individuo. Altrimenti, si forma un atteggiamento contrario alla filosofia che il modello mira a creare. Ogni team e ogni individuo ha preferenze lavorative diverse che possono renderlo più produttivo. Per questo motivo, ogni giorno si sperimentano metodi diversi per migliorare il modo in cui le persone vivono la loro vita lavorativa nel mondo che cambia. Gli approcci diversi aiutano le aziende a identificare i migliori metodi di lavoro ibridi che si adattano alle loro peculiarità.

Anche i nuovi modelli di business hanno subito una trasformazione durante il periodo della pandemia, quando la catena di approvvigionamento, gli approcci gestionali e i fattori determinanti per la produzione, la fornitura, la comunicazione, le vendite e il marketing sono cambiati rapidamente e sotto diversi aspetti. Nelle industrie di oggi, non è possibile produrre risultati efficaci gestendo i processi aziendali e gestionali esistenti con i rischi, solo con i modelli di lavoro tradizionali. Sia i leader che le industrie hanno bisogno di nuovi modelli di business con ritmi e diversità diverse.

I nuovi modelli di lavoro migliorano generalmente le prestazioni individuali e istituzionali, in quanto supportano un processo decisionale originale. Si tratta di un'opportunità in termini di creazione di un ambiente in cui gli individui possano trarre maggiori benefici dalle loro capacità e abilità uniche.

Secondo la Global Talent Trends Survey di Mercer, i pool di talenti critici richiedono che la nuova forza lavoro acquisisca nuove competenze e allo stesso tempo le faccia progredire. Mercer, società leader a livello mondiale nel settore delle risorse umane e della consulenza manageriale, ha annunciato i risultati della sua Global Talent Trends Survey 2021. Secondo i risultati della ricerca in Turchia, le principali tendenze che occuperanno l'agenda delle aziende nel campo delle risorse umane nel 2021 e oltre sono: identificare le competenze critiche (reskilling e upskilling) compatibili con le strategie future delle aziende, adattare l'esperienza dei dipendenti e i sistemi di ricompensa alla trasformazione digitale, adattare la gestione dei fringe benefit alla flessibilità con soluzioni quali fringe benefit flessibili in linea con le aspettative dei dipendenti, colmare i gap di talento e di competenze con i corsi di formazione.(https://www.mercer.com.tr/basin-odasi-haberler/2021-turkiye-yetenek-egilimleri-aratrmasi.html)

Nuovi ambienti aziendali integrati: Organizzazioni ibride e leadership globale

In un mondo imprenditoriale in cui i confini globali e geografici non esistono più, le sue soluzioni devono rendere possibile fare business a livello globale e indipendentemente dallo spazio e persino dal tempo. Con la digitalizzazione e l'intelligenza artificiale, esse giocano un ruolo come risorsa fondamentale per la creazione e la diffusione di nuovi modelli di business, di attività e di ambienti di lavoro che superano i confini locali. Anche le condizioni di lavoro e di occupazione cambiano e trasformano le condizioni di leadership. la leadership globale è ora il nuovo nome del concetto di leadership. L'ambito della leadership si è ampliato anche per includere l'innovazione, l'ambiente virtuale e la leadership distribuita, adattandosi ai cambiamenti in corso. Da questo punto di vista, gli strumenti e le tecniche dei nuovi leader, in particolare gli ambienti di leadership, sono stati digitalizzati rispetto a quelli tradizionali e si sono ampliati aggiungendo l'ambiente virtuale a quello reale. Per essere in grado di guidare in ambienti diversi allo stesso tempo, la capacità di competenza deve essere sviluppata in modo da adattarsi all'ambiente integrato. Questo è il rischio maggiore della nuova leadership di oggi. (benim cumlelerim) bu noktada yeni kuresel liderlerin ayni zamanda risk liderleri olmasi gerektigi sonucuna varilmaktadir. A questo punto, si conclude che i nuovi leader globali dovrebbero essere anche leader del rischio.

I team virtuali e gli uffici virtuali sono due delle nuove componenti che attirano l'attenzione nell'ambiente aziendale che si sviluppa e si trasforma sotto l'influenza della nuova intelligenza digitale e artificiale. I team virtuali rappresentano un gruppo di lavoro che può essere realizzato sulla base dell'integrazione delle tecnologie odierne e della digitalizzazione. Questo gruppo è considerato un gruppo di lavoro critico che permette di creare un team globale eliminando i confini geografici e temporali. In questo modo, le prestazioni e le capacità possono essere migliorate a livello mirato, riunendo una prospettiva e un'esperienza globali. Pertanto, gli uffici e i team virtuali saranno di supporto nella creazione del quadro ottimizzato necessario per la leadership distribuita.

Proprio come le aziende, in quanto sistemi aperti, devono adattarsi ai cambiamenti esterni e svilupparsi, i leader devono migliorare se stessi e adattarsi all'ambiente esterno con un approccio contingente in base ai cambiamenti esterni. I leader globali, che sono in grado di adattarsi all'ambiente esterno, avranno quindi sviluppato il potenziale per influenzare le persone nell'ambiente esterno e la loro motivazione, il loro comportamento e le loro prestazioni. crea opportunità per i leader globali quando le condizioni esterne si adattano. tuttavia, se i leader globali non sono in grado di trasformarsi e adattarsi alle condizioni ambientali esterne, questo diventerà una fonte che minaccia la sostenibilità della loro leadership. Da questo punto di vista, vediamo che la leadership del rischio è uno dei fondamenti della nuova leadership globale.

Anche gli ambienti di lavoro in stile ufficio virtuale possono essere considerati un'area di risparmio e anche uno dei modelli di lavoro flessibile in linea con l'approccio di lean management. L'utilizzo di uffici virtuali elimina la necessità di sostenere i costi fissi normalmente sostenuti per gli uffici. Pertanto, le risorse aggiuntive create grazie a questa semplificazione possono essere destinate ad altre aree. Tuttavia, poiché i rischi di questi ambienti semplificati cambieranno, è importante che i leader prendano in considerazione nuovi strumenti e tecniche per gestire questi rischi in evoluzione e trasformazione.

Nelle condizioni odierne, i leader devono essere sia leader globali, sia leader del rischio, leader virtuali, leader digitali e con un'alfabetizzazione tecnologica avanzata e quindi trasformarsi in base alle condizioni globali e digitali. inoltre, in ambienti aziendali ampi e interattivi in cui i confini di tempo e spazio sono stati eliminati e in cui coesistono ambienti virtuali e reali, a volte la distribuzione della leadership è diventata necessaria per sostenerla. altrimenti le qualità tradizionali della leadership non funzioneranno nelle nuove condizioni aziendali e nel nuovo ambiente di lavoro pieno di digitalizzazione, virtualizzazione, intelligenza artificiale e complessità, vulnerabilità e incertezza. La flessibilità e il cambiamento dei requisiti sono considerati la "competenza manageriale e strategica di base" necessaria per la resilienza delle imprese e dei nuovi leader globali a tutte le condizioni ambientali. Ad esempio, le strutture organizzative, che sono una delle condizioni ambientali, si stanno allontanando dall'essere rigide e fragili. Da questo punto di vista, anche i leader hanno bisogno di una trasformazione in linea con il cambiamento delle strutture organizzative per sviluppare sia i loro potenziali di resilienza sia le loro capacità in base alle condizioni.

Nella gestione e nella strategia, la resilienza è considerata un attributo necessario per la resilienza delle aziende e dei leader globali. Mentre le strutture organizzative si stanno allontanando dall'essere rigide e fragili, anche i leader hanno bisogno di una trasformazione in linea con il cambiamento delle strutture organizzative per sviluppare le loro potenzialità e capacità di resilienza in base alle condizioni.

I team virtuali rappresentano un gruppo di lavoro che può essere realizzato sulla base dell'integrazione delle tecnologie odierne e della digitalizzazione. Gli uffici virtuali si riferiscono anche agli ambienti di lavoro dei team virtuali. Nei gruppi virtuali sono scomparsi i limiti geografici e temporali. Questo ambiente relativamente illimitato è considerato un'area di lavoro critica che consente anche la creazione di un team globale. Quando queste due componenti vengono considerate nell'ambito del leader globale, possono essere espresse come una funzione (leader globale (team virtuale + ufficio virtuale) = performance e resilienza). Con la combinazione di prospettiva globale e competenza nei team virtuali, le prestazioni e gli obiettivi strategici saranno raggiunti a un livello ragionevole se gestiti sotto la guida dei leader. Pertanto, le organizzazioni virtuali, gli uffici virtuali e i team saranno componenti ambientali di supporto nel creare il quadro ottimizzato necessario per una leadership globale distribuita.

Anche in questo caso, gli ambienti di Business&working in stile ufficio virtuale possono essere considerati un'area di risparmio e anche uno dei modelli di lavoro flessibile in linea con l'approccio di lean management. L'utilizzo di uffici virtuali elimina potenzialmente la necessità di sostenere i costi fissi normalmente sostenuti per gli uffici. Pertanto, le risorse aggiuntive create grazie alla snellezza possono essere assegnate ad altre aree. Tuttavia, poiché i rischi di questi ambienti semplificati cambieranno, è importante che i leader prendano in considerazione nuovi strumenti e tecniche per gestire questi rischi in evoluzione e trasformazione.

L'ufficio virtuale descrive un tipo di ufficio che non è permanentemente di proprietà del dipendente, ma dove è possibile ottenere la sede legale, la comunicazione e i servizi di segreteria.

Soprattutto il secolo scorso è stato un periodo di grandi cambiamenti. Uno dei maggiori fattori di questi cambiamenti è la tecnologia. L'indipendenza delle organizzazioni virtuali dal tempo e dallo spazio ha dovuto cambiare e trasformare sia il modo di fare business che i dipendenti. La resistenza dei dipendenti al cambiamento e alla trasformazione è stata messa e viene messa alla prova. La scomparsa di un certo orario di lavoro e il fatto che i dipendenti possano provenire da regioni geografiche diverse hanno reso necessari cambiamenti nella funzione di gestione.

Con i processi di virtualizzazione, si assiste a cambiamenti che superano i limiti di flessibilità delle organizzazioni. Il business è ora ad alta intensità tecnologica e gestito in modo digitale. L'accesso continuo e onnipresente è ora essenziale per la sostenibilità delle organizzazioni. L'alfabetizzazione tecnologica e le competenze digitali di base sono tra i requisiti minimi richiesti alle risorse umane. Ove possibile, le competenze digitali di base dovrebbero coesistere con le competenze del XXI secolo. L'integrazione con la visione e la missione dei propri dipendenti è diventata quasi un'esigenza fondamentale per le organizzazioni per raggiungere i propri obiettivi. In questo modo, sarà possibile utilizzare il talento, la competenza e la creatività dei dipendenti per sostenere gli obiettivi organizzativi.

La struttura multiculturale, i sistemi di lavoro multipli, le differenze geografiche e i diversi fusi orari sono considerati fonti di rischio nelle organizzazioni virtuali. La gestione di ciascun rischio e dei nuovi rischi che sorgeranno con l'interazione dei rischi tra loro richiede competenze che i metodi tradizionali non possono superare. A questo proposito, nei nuovi ambienti di lavoro e di business è necessaria l'integrazione di molteplici caratteristiche di leadership (virtuali, di rischio, globali, ecc.).

Molte aziende stanno progettando e testando nuovi modelli di business. Si cercano soluzioni economicamente vantaggiose in regioni più economiche e gestibili. le nuove aree di lavoro rivelano anche nuove esigenze di investimento. Le aziende leader nel mondo includono nei loro piani l'apertura di uffici satellite disposti a consentire ai dipendenti di lavorare da dove vogliono e a supportare il lavoro a distanza.

Il mondo delle imprese è alla ricerca di soluzioni più snelle perché le condizioni operative diventano sempre più difficili. soprattutto l'accesso a risorse limitate e i problemi di approvvigionamento minacciano la sostenibilità. Inoltre, il tempo e tutte le altre risorse e input operativi diventano costosi.

Una delle soluzioni considerate come risposta a questi problemi è quella degli uffici satellite. Un sistema di uffici satellite è definito come piccole filiali di un'azienda al di fuori della sede centrale, spesso situate in altre località. In un certo senso, questo cambia anche la situazione di monocentrismo. È chiaro che anche le aziende non monocentriche devono rivedere il loro approccio manageriale. La leadership distribuita è l'approccio principale in questo momento.

Leadership e processi decisionali a rischio per i nuovi modelli di lavoro

Quando si prendono decisioni su modelli di lavoro ibridi e nuovi, è importante che i leader identifichino e valutino le opzioni adatte all'organizzazione e alla cultura del rischio. Il calcolo delle probabilità di gestione del rischio aiuterà nell'analisi dei modelli in termini di costi e benefici. L'integrazione e l'uso ibrido dei modelli ottimizzati più appropriati in termini di reclutamento, prestazioni e obiettivi organizzativi è considerata una strategia valida.

I nuovi modelli di lavoro hanno aumentato i rischi nell'ambiente interno ed esterno delle imprese e trasformato quelli esistenti. In questo senso, la leadership è diventata simultanea sia in ambito reale che digitale. Questo, a sua volta, influisce sulla portata della leadership rispetto a quella tradizionale, richiedendo decisioni multiple da prendere in più ambienti. I rischi di decisioni multiple e simultanee avranno il potenziale di influenzare ogni ambiente in misura e gravità diverse a causa dell'interazione. Il fatto che le decisioni da prendere siano molteplici e in ambienti diversi influisce anche sulla qualità e sul modo in cui queste decisioni verranno prese. Pertanto, i leader dovrebbero utilizzare tecniche decisionali diverse e integrate per gli ambienti ibridi.

I valori che esistono e differiscono da leader a leader hanno effetti diversi da organizzazione a organizzazione e a seconda del tempo, e hanno anche una grande influenza come uno dei fattori determinanti del processo decisionale.

Nuovi modelli di formazione e nuova leadership

La nuova leadership è uno dei concetti più enfatizzati del XXI secolo. La necessità di un leader efficace, al posto della classica gestione aziendale, è il bisogno vitale più importante di una vita aziendale digitale, in trasformazione, non costante, ad alto grado di incertezza e complessità. Nel mondo del business digitale e dell'IA, le aziende possono competere in modo resiliente e sostenibile solo con leader globali che trovino e implementino idee nuove e diverse e soluzioni creative.

Secondo Hal, con il suo punto di vista da visionario, l'aviazione civile ha bisogno di una buona leadership. La leadership dell'aviazione darà una direzione e una motivazione al settore, che comprende la guida delle operazioni dall'alto verso il basso. L'aviazione ha molti elementi come la qualità, il rischio, la snellezza, la sicurezza, i servizi di terra, i servizi di volo, il rapporto con i clienti, le risorse degli equipaggi, ecc. L'industria aeronautica, con i suoi settori di attività, ha bisogno di qualcuno (leadership distribuita) che abbia una visione olistica e sistematica. I leader gestiranno i rischi potenziali con le loro minacce e opportunità in una fase iniziale.(https://www.internationalairportreview.com/article/31508/neville-hay-leadership/)

A livello percettivo, si pensa che l'unico componente dell'aviazione civile sia l'aeromobile, e che nell'aeromobile il leader sia solo il capitano pilota. In termini operativi, ovviamente, il capitano pilota deve essere il leader dell'aeromobile e ci si aspetta che lo sia. Tuttavia, se consideriamo il sistema dell'aviazione civile nel suo complesso, un solo capitano pilota non è sufficiente né accettabile come unico leader in termini di attività e operazioni strategiche e organizzative. Poiché l'aviazione civile è un sistema complesso, vi sono diverse e numerose aree decisionali in questo sistema. di conseguenza, è necessario un numero sufficiente di leader per influenzare l'intero sistema. Dalle funzioni di gestione delle operazioni, vengono prese decisioni complesse e integrate per molti sistemi, comprese le attività di volo e le relative operazioni. Per quanto riguarda i sistemi che richiedono un processo decisionale rapido e accurato, ci si aspetta che i leader dell'aviazione abbiano sviluppato la capacità di vedere e interpretare i rischi potenziali. Il sistema ha molti sottosistemi e le prestazioni dei sottosistemi possono influire direttamente o indirettamente sulle prestazioni totali nelle aree gestionali e operative. Nel sistema integrato, diversi professionisti hanno ruoli di leadership o ci sono situazioni in cui molti leader devono contribuire contemporaneamente. Pertanto, i migliori esempi di leadership distribuita si trovano nell'industria dell'aviazione civile.

Tutte le funzioni manageriali come il coordinamento, il controllo e l'esecuzione delle attività e delle operazioni di aviazione richiedono professionalità e competenze professionali. L'integrazione delle competenze tecniche e manageriali di entrambe le attività è importante anche per la leadership.

Leadership del rischio: Processo decisionale critico e comportamento organizzativo

Per sostenere se stesso e la propria azienda nel nuovo ambiente di lavoro e di business, è necessario essere in grado di prendere decisioni ottimali, vedere e cogliere le opportunità nell'ambiente VUCA. Per farlo, deve sviluppare la propria abilità e capacità di gestione del rischio. I leader del rischio guidano, ispirano e motivano le persone a comprendere, interpretare e rispondere al meglio al rischio. In questo senso, i risk leader svolgono un ruolo vitale (e determinante) per la sostenibilità dei dipendenti e delle aziende.

Una delle maggiori competenze dei leader del rischio è quella di prendere decisioni efficaci e tempestive scegliendo la migliore tra le opzioni e quella che supporta lo scopo. A causa delle nostre caratteristiche personali e culturali e della nostra struttura emotiva, il nostro approccio ai rischi, i nostri atteggiamenti e le nostre scelte strategiche non possono sempre raggiungere un livello di performance sufficiente per prendere decisioni ottimali sul rischio. Perché le nostre decisioni sono influenzate da noi stessi, perché siamo umani. Perché non possiamo sempre approcciarci in modo professionale. perché coinvolgiamo più o meno sempre le nostre emozioni: perché lavoriamo sotto l'influenza e la pressione di un ambiente aziendale complesso, incerto e pieno di nuovi modelli in cui una visione olistica e visionaria è molto difficile. . È proprio per questo che, nell'era della tecnologia e della velocità, abbiamo più che mai bisogno di leader del rischio.

L'industria dell'aviazione civile è composta da molti sottosistemi. Non sembra possibile identificare un unico leader nel settore dell'aviazione, che porta con sé le dinamiche sia dell'industria produttiva che di quella dei servizi. Il sistema ha diversi sottosistemi, dalle compagnie aeree agli aeroporti, dai servizi di terra alla formazione, dal traffico aereo alla manutenzione. Inoltre, l'aviazione è un lavoro di squadra. Poiché anche il numero di operazioni e attività in ciascuno di essi è vario e numeroso, le ricerche sulla leadership sono condotte in diverse categorie. Per questi motivi, nel settore dell'aviazione non esiste un solo premio per il buon leader assegnato da un'unica organizzazione. Diverse organizzazioni organizzano premi diversi. I premi legati alla leadership attirano sempre l'attenzione.

Sebbene il concetto di leader nell'aviazione abbia un significato simile a quello di altri settori, la prospettiva è diversa.

Nel campione dell'industria aeronautica, le organizzazioni del settore operano in base a rigorosi standard gestionali e operativi. Tuttavia, la gestione basata sulla legislazione da sola non è mai sufficiente a gestire i rischi nel settore dell'aviazione. Al contrario, ciò può far sì che i rischi non vengano visti, che la pressione del gruppo domini e che i rischi vengano gestiti con alternative sbagliate. i regolamenti dell'aviazione tracciano un quadro di riferimento che mostra ciò che deve essere fatto operativamente e come, ciò che è accettabile e ciò che è al di fuori del livello di tolleranza. questo quadro di riferimento può creare una percezione di prescrizione. ciò può indurre i team a pensare secondo determinati schemi. questo porta alla mente la pressione del gruppo e il groupthink. I membri del team possono evitare di offrire idee o commenti diversi. il fatto di non interpretare e pensare allo stesso modo contraddice la filosofia della gestione del rischio. perché se gli eventi non vengono interpretati e analizzati, i rischi non possono essere identificati. In questo contesto, non si possono notare nuovi rischi e non si può sviluppare la strategia migliore.

Sebbene l'aviazione sia un'attività globale, le pratiche relative all'ambiente operativo e alle risorse umane sono modellate dalle leggi e dai regolamenti dei singoli Paesi. Come nel calcio, il mercato dei trasferimenti di manodopera è molto attivo e il tasso di turnover del personale è molto alto nel settore dell'aviazione. Per esempio, le compagnie aeree effettuano investimenti costosi per fornire una formazione certificata al proprio personale. Non solo piloti, tecnici e controllori, ma anche manager e leader cambiano spesso azienda. La perdita di un leader ha effetti diversi da quelli di un qualsiasi dipendente. Un leader impegnato e con un senso di appartenenza è l'esigenza più importante.

L'aviazione si svolge in un ambiente multiculturale. Le operazioni e le attività nel settore dell'aviazione si basano su una gestione delle prestazioni basata sul lavoro di squadra. Sebbene lavorare insieme a culture diverse sia considerato una sfida, in realtà valutare gli eventi da prospettive diverse dovrebbe essere considerato come una fonte di opportunità che può aumentare le prestazioni del team. Le diverse culture possono completarsi a vicenda per una cultura comune globale. Pertanto, i leader del settore aeronautico devono essere bravi gestori del rischio nel comprendere le potenzialità del multiculturalismo, interpretarle in direzione degli obiettivi e considerare le differenze come opportunità e risorse. Le aziende del settore aeronautico sono progettate per prendere decisioni rapide ed efficaci. Come l'arbitro che vede l'evento all'istante e fischia, anche i riflessi devono essere forti. Per questo, invece, è necessario essere flessibili, saper accettare quando si commettono errori, creare un ambiente chiaro e atteggiamenti chiari, trasparenza, comunicazione, risoluzione interattiva dei problemi e orientamento alla soluzione. Se da un lato i leader comprendono la tendenza al cambiamento nelle dinamiche dell'ambiente in evoluzione in cui si svolgono il lavoro manageriale, le attività e le operazioni dell'aviazione, dall'altro lato, essere in grado di trarre vantaggio da questo cambiamento nella realizzazione delle strategie organizzative e nel raggiungimento degli obiettivi è **"considerata un'importante competenza globale e nuova della leadership".**

I leader devono pensare e guidare come LEAN, devono prendere decisioni efficaci dal punto di vista dei costi in un ambiente aziendale che è digitalizzato e incerto nel prendere decisioni, non solo a causa della pandemia, ma anche a causa dell'impatto delle variabili economiche e sociali nel mondo. Le organizzazioni Lean vengono realizzate sia in ambito manageriale che operativo. questo porta con sé la ristrutturazione delle risorse umane (così come del capitale umano).

I leader globali/nuovi si sono resi conto che le prestazioni individuali di gestione, le prestazioni digitali e la flessibilità sono determinanti nella gestione dei nuovi rischi dell'ambiente aziendale ibrido con nuovi modelli di lavoro. Con gli sviluppi tecnologici, economici e sociali sperimentati, aumentano i tipi di nuovi modelli di lavoro integrati e l'accelerazione della loro implementazione. Nell'ambito della filosofia del lean management, i nuovi modelli di lavoro consentono di risparmiare risorse e di aumentare le prestazioni, in quanto è possibile creare un team globale eliminando i concetti di tempo e spazio. Tuttavia, per la sostenibilità di questo aumento delle prestazioni, sono necessari leader in grado di vedere questo ambiente ibrido in modo olistico con tutte le sue variabili e di guidare tutti, compresi i dirigenti, influenzando i loro atteggiamenti e comportamenti e dirigendo le loro prestazioni. I nuovi modelli di lavoro richiedono lo sviluppo di nuove strategie di comunicazione, coordinamento e motivazione, poiché i dipendenti non sono sempre fisicamente raggiungibili. Pertanto, i nuovi modelli di lavoro, che sono ibridi, remoti e virtuali, richiedono un approccio di leadership nuovo e basato sul rischio.

Per le organizzazioni aeronautiche che operano nell'odierno ambiente VUCA è fondamentale che la persona che meglio trasmetterà la cultura del rischio da creare agli individui all'interno dell'organizzazione sia un risk manager leader carismatico, visionario, trasformativo, originale ed etico. Il risk leader è un buon decisore, flessibile, adattabile al cambiamento e in grado di interpretare le caratteristiche dell'era digitale.

L'industria dell'aviazione civile, ad alta intensità tecnologica, veloce, dinamica e a complessità variabile, ha bisogno di leader del rischio con personalità innovative, flessibili e di grande impatto, che sappiano rischiare, intuire e cogliere le opportunità.

L'aviazione si basa su due elementi principali: il lavoro di squadra e la leadership. La qualità del servizio nell'aviazione civile è strettamente legata alla qualità della comunicazione e delle relazioni tra i team, così come il successo del leader dipende dalla qualità della comunicazione e dell'interazione con il team. I leader hanno il potenziale per influenzare il comportamento, le reazioni e le prestazioni lavorative dei team e, indirettamente, le prestazioni dell'organizzazione.

Una conseguenza plausibile di ciò è che i leader efficaci dell'aviazione possiedono eccezionali capacità di leadership che hanno permesso di tenere a galla le compagnie aeree durante gli sconvolgimenti a cui il settore è molto soggetto. Senza dimenticare la richiesta di innovare e rendere il volo accessibile a un maggior numero di persone (https://www.industryleadersmagazine.com/most-influential-leaders-in-the-aviation-industry/).

Leader del rischio trasformativo nel settore dell'aviazione:

L'ambiente operativo dell'aviazione civile è oggi multiculturale, multidisciplinare, variabile e complesso. Gestire ambienti dinamici interdisciplinari e multiculturali e prendere decisioni in questi ambienti è rischioso a causa delle numerose e diverse variabili. Il processo decisionale non consiste solo nel fare delle scelte, ma anche nell'identificare le alternative, nel bilanciare le informazioni esistenti con gli scenari (previsioni), in una prospettiva visionaria e di integrazione. Poiché le condizioni dell'aviazione sono dinamiche e mutevoli, gli obiettivi e i sotto-obiettivi di sicurezza possono dover essere rimodellati in base alle nuove informazioni ricevute e agli scenari sviluppati. Pertanto, i rischi cambieranno in termini di probabilità, gravità dell'impatto e tipologia al variare dell'ambiente; una volta determinata la situazione attuale, è necessario rivedere il processo e le fasi della gestione dei rischi per la sicurezza.

L'aviazione è un ambiente aziendale multiculturale in tutti i suoi aspetti, sia operativi che gestionali. La gestione dell'aviazione richiede un'elevata consapevolezza dei problemi di comportamento organizzativo. Il processo decisionale è una parte ordinaria ma anche vitale dei manager. Soprattutto nel settore dell'aviazione, le decisioni possono avere conseguenze importanti a causa delle caratteristiche del settore con alti costi operativi. Le decisioni devono essere prese con una mentalità attenta e di gestione del rischio. Per gestire il rischio in modo olistico e sostenere la sostenibilità, i manager devono ottimizzare la consapevolezza della situazione nel processo decisionale nella gestione dell'aviazione. (Flouris & Yilmaz, 2019)

L'analisi SWOT è un potente strumento che consente all'organizzazione/ente aeronautico di comprendere la propria posizione strategica. Effettuando l'analisi SWOT, i manager/leader li aiutano a vedere e a cogliere le aree aperte al miglioramento e le potenziali opportunità nel processo di gestione dei rischi per la sicurezza, al fine di rafforzare tutti i processi organizzativi e operativi verso gli obiettivi, di sviluppare le capacità e quindi di sostenere il raggiungimento degli obiettivi. Nel campo della gestione e della strategia, l'analisi SWOT (acronimo di Strengths, Weaknesses, Opportunities and Threats) è uno strumento utilizzato per valutare e analizzare gli ambienti interni ed esterni dal livello interno ed esterno. In questo senso, supporta il processo decisionale garantendo che i manager prendano in considerazione le variabili necessarie. In ambienti dinamici e complessi, il processo di gestione del rischio di sicurezza che incorpora l'analisi SWOT migliorerà anche la capacità decisionale. (Si veda anche **Flouris, T., & Yilmaz, A. K., 2010.** Il quadro di gestione del rischio per la gestione strategica delle risorse umane. International Research Journal of Finance and Economics, vol.36, n.1, 25-45).

L'industria dell'aviazione civile è globale. Per questo motivo, la leadership dei rischi per la sicurezza deve avere anche qualità di leadership globale. La leadership globale comprende una combinazione di competenze tecniche e non, come influenzare, ispirare e dirigere eventi a livello internazionale e guidare e creare una visione per affrontare le sfide a livello globale. Quando questa situazione viene valutata in termini di gestione della sicurezza, i leader del rischio per la sicurezza globale sono in grado di identificare gli eventi che hanno il potenziale di influenzare direttamente o indirettamente la sicurezza delle attività e delle operazioni di aviazione in tutto il mondo, di sviluppare scenari, di pensare strategicamente, di comunicare efficacemente, di gestire i team, di costruire le capacità, di interagire a livello interculturale, di avere competenze interdisciplinari. Queste competenze consentono ai leader del rischio di sviluppare strategie e allocare risorse per gestire in modo proattivo i potenziali incidenti legati alla sicurezza. Gestire i rischi per la sicurezza con un uso ottimale delle risorse e con soluzioni originali e innovative prima che i rischi si verifichino, cioè prima e dopo le perdite materiali e morali (non recuperabili), è l'interpretazione più chiara e breve del motivo per cui i risk leader sono necessari. Gli eventi di rischio per la sicurezza possono creare situazioni di crisi quando si verificano. I tempi di crisi sono tempi di interruzione e di shock. In termini di attività e operazioni aeronautiche, interruzioni, pause e ritardi significano anche danni economici, sociali e ambientali.

I risk leader forniscono inoltre indicazioni e direttive per superare il più rapidamente possibile questi tempi di inattività e di shock con la migliore strategia di rischio. I risk leader globali dell'industria del trasporto aereo, inquadrati da legislazioni, leggi e regolamenti internazionali e nazionali, possono dare forma a politiche, collaborazioni e accordi internazionali nel campo della gestione e della strategia dell'aviazione.

I leader del rischio forniscono inoltre indicazioni e direttive per superare il più rapidamente possibile questi tempi di inattività e di shock con la migliore strategia di rischio. I risk leader globali dell'industria del trasporto aereo, inquadrati dalla legislazione, dalle leggi e dai regolamenti internazionali e nazionali, possono dare forma alle politiche, alle collaborazioni e agli accordi internazionali nel campo della gestione della sicurezza aerea e guidare l'iniziativa con un approccio trasformativo alla soluzione dei problemi sociali e ambientali orientati alla sicurezza.

I leader globali nella gestione del rischio aeronautico possono influenzare la percezione della cultura della sicurezza e del clima organizzativo da parte dei dipendenti attraverso il loro potere sulle risorse umane esemplari (dipendenti e candidati), ispirandole, sostenendo la loro motivazione e portandole ad agire in modo mirato. Ciò fornirà un significativo sviluppo della capacità di stabilire la cultura del rischio di sicurezza desiderata, di adottare la cultura del rischio di sicurezza e di aumentare la partecipazione per sostenere e contribuire alla gestione del rischio di sicurezza. Esistono diversi tipi di leadership. Le caratteristiche della gestione del rischio sono prese in considerazione nel determinare i tipi di leadership più appropriati in termini di gestione del rischio per la sicurezza. Ad esempio, gli stili di leadership transazionale e trasformazionale sono considerati gli stili di leadership più efficaci e appropriati per trasformare la cultura organizzativa in una cultura del rischio e per intraprendere i passi necessari verso i rischi in modo accurato, tempestivo e partecipativo.

leadership transazionale e leadership trasformazionale

La leadership trasformazionale può essere di supporto per l'adattamento a nuovi modelli di business e per la creazione di atteggiamenti e comportamenti adatti alla cultura del rischio. In questo senso, può essere vantaggioso per i leader del rischio essere di tipo trasformativo. È importante notare che la gestione del rischio e l'autosviluppo attraverso l'apprendimento continuo in questo campo possono essere considerati un'esigenza dei dipendenti grazie ai leader trasformazionali.

Per garantire la conformità alle leggi e ai regolamenti, il risk leader deve anche possedere caratteristiche di leadership operativa.

A questo punto, si può affermare che nei nuovi modelli di business e nel nuovo mondo imprenditoriale, gli stili di leadership transazionale e trasformazionale sono i due migliori stili di leadership diversi che possono essere applicati nel mondo degli affari. la legislazione dell'aviazione, ad esempio, ha un quadro ufficiale rigoroso con leggi e regolamenti. In questo senso, la combinazione di leadership transazionale, uno stile di leadership tradizionale, e leadership trasformazionale per la cultura del rischio sarà un'integrazione adeguata per l'industria aeronautica.

La leadership transazionale potrebbe non sembrare un'alternativa valida per i nuovi modelli di lavoro nel nuovo mondo degli affari. Tuttavia, esistono quadri rigorosi di leggi e regolamenti in diversi settori. Per poter continuare le loro attività, le aziende devono gestire bene i rischi di conformità alle leggi e ai regolamenti.

Come è noto, la leadership transazionale è uno stile di leadership che enfatizza l'importanza di stabilire aspettative chiare e di fornire premi e punizioni basati sulle prestazioni. In questo senso, ad esempio, la gestione del rischio nel settore dell'aviazione - soprattutto per quanto riguarda gli errori e le violazioni del fattore umano - è compatibile con questo tipo di leadership. Pertanto, questo tipo di leadership può essere efficace nel settore dell'aviazione, dove è basato su normative, sono stabilite procedure di sicurezza e i ruoli e le responsabilità dei dipendenti sono definiti dalle descrizioni delle mansioni. I responsabili delle operazioni nel settore del trasporto aereo possono utilizzare incentivi, come bonus o promozioni, per i dipendenti che contribuiscono al raggiungimento degli obiettivi aziendali di gestione del rischio o che ottengono buoni risultati nelle attività di gestione del rischio.

D'altra parte, la leadership trasformazionale è un approccio più moderno che si concentra sull'incoraggiamento e sulla motivazione dei dipendenti a lavorare insieme verso una visione condivisa. I leader trasformazionali nel trasporto aereo possono utilizzare la comunicazione e la collaborazione per creare una cultura del rischio di sicurezza in cui tutti i dipendenti sono coinvolti nell'identificazione e nella gestione dei rischi. Questo tipo di leadership può essere efficace in situazioni in cui i rischi sono complessi e dinamici e i dipendenti devono essere adattivi e proattivi nella gestione dei rischi.

Entrambi gli stili di leadership hanno punti di forza e di debolezza e l'approccio migliore può dipendere dal contesto specifico del trasporto aereo. Ad esempio, la leadership transazionale può essere più appropriata quando i rischi sono ben noti e possono essere gestiti efficacemente attraverso procedure consolidate. D'altro canto, la leadership trasformazionale può essere più appropriata in situazioni in cui i rischi legati all'aviazione sono in continua evoluzione e richiedono soluzioni creative e una cultura del miglioramento continuo.

Di conseguenza, il successo della gestione del rischio d'impresa nel trasporto aereo richiederà una combinazione di leadership operativa e di trasformazione, nonché un impegno per la formazione e lo sviluppo continui dei dipendenti a tutti i livelli dell'organizzazione.

Il sistema dell'industria aeronautica è costituito da sottosistemi interconnessi. Questi sottosistemi, che si influenzano e sono influenzati l'uno dall'altro, comprendono autorità, consulenti e organizzazioni di supporto, produttori di aeromobili, fornitori di parti di ricambio, fornitori, aeroporti, terminali, compagnie aeree, società di assistenza a terra, servizi di catering, servizi di manutenzione, servizi di controllo del traffico aereo, servizi di formazione per l'aviazione e comprende un gran numero e varietà di organizzazioni, compresi altri soggetti interessati. Le istituzioni e le organizzazioni che compongono questo sottosistema del trasporto aereo collaborano per facilitare il movimento sicuro, protetto ed efficiente di persone e merci per via aerea, garantendo la sicurezza e l'incolumità dei passeggeri, degli equipaggi e del pubblico in generale. Anche in questo caso, sono necessari leader globali del rischio per migliorare le prestazioni e la capacità dei sottosistemi di queste parti interessate globali di lavorare insieme per sostenere il sistema centrale e raggiungere gli obiettivi di sicurezza. I leader globali stanno implementando una combinazione olistica e sostenibile di strategie, politiche e pratiche volte a ridurre l'impatto dei rischi per la sicurezza e a mantenerne tollerato l'impatto attraverso il sistema di gestione del rischio.

Nuova leadership nella formazione: Nuovi modelli di formazione nell'aviazione civile

Formazione della leadership

L'aviazione civile è un settore di ricerca e sviluppo tecnologico ed economico, che ha un effetto catalizzatore economico indispensabile e insostituibile nella società moderna ed è un sostenitore della società e dell'industria sostenibile. Il ruolo della formazione nel settore dell'aviazione è fondamentale per lo svolgimento delle attività manageriali e delle operazioni in modo sicuro e protetto, come base per lo sviluppo delle capacità e per gli studi di ricerca e sviluppo, quindi per un'aviazione sostenibile. I corsi di formazione di base e di aggiornamento vengono impartiti sia ai candidati che ai professionisti dell'aviazione. In un settore dalla struttura dinamica come quello dell'aviazione, le esigenze e le forme di formazione cambiano continuamente e i nuovi modelli e metodi utilizzati nella formazione aeronautica presentano difficoltà insieme alle comodità che ne derivano. I modelli e i metodi di formazione a distanza, utilizzati con certi limiti in alcune aree di formazione dell'aviazione civile, possono potenzialmente influenzare l'efficacia e l'efficienza della formazione, la qualità della formazione, l'apprendimento interattivo nella formazione, la sicurezza e la protezione dell'aviazione nel lungo periodo.

I candidati professionisti dell'aviazione devono ricevere una formazione e un addestramento intensivi e certificati in base ai requisiti nazionali e internazionali. Anche i modelli di formazione e addestramento a distanza nell'aviazione civile rappresentano un'opportunità per migliorare e aggiornare i propri professionisti impegnati nel settore dell'aviazione e dei viaggi. Le interruzioni o la cessazione delle operazioni nelle operazioni di aviazione e nei processi correlati sono situazioni indesiderabili sia in situazioni normali che in situazioni estreme come l'ultima pandemia. Queste interruzioni hanno anche il potenziale di minacciare la sicurezza e la protezione. Per questo motivo, l'aviazione e quindi la formazione aeronautica devono continuare anche in situazioni estreme come le pandemie. Per questi motivi, la formazione e l'addestramento sono parte fondamentale dell'aviazione civile. Alcune formazioni e istruzioni sono fondamentali per l'aviazione civile, come la gestione della sicurezza. Questi tipi di corsi di formazione e addestramento fondamentali dovrebbero essere accessibili in qualsiasi momento e in qualsiasi luogo sia per i professionisti che per i professionisti della prossima generazione.

L'addestramento dei futuri aviatori professionisti è un settore rischioso che necessita di leadership. È decisivo per le loro prestazioni professionali che i candidati arrivino in un ambiente operativo multiculturale e dinamico con la migliore formazione, un'elevata consapevolezza della situazione, una percezione aperta, flessibile al cambiamento delle condizioni, aperta alla comunicazione e motivata. A questo punto, i leader educativi svolgono il ruolo di gestori del rischio dei fattori determinanti per la performance. L'educazione è rischiosa. È difficile addestrare un individuo ad apprendere e a continuare ad essere in grado di apprendere. I responsabili della formazione devono gestire efficacemente e bene i rischi che influiscono sulle prestazioni della formazione, al fine di formare professionisti dell'aviazione in grado di migliorarsi e di avere un'alta percezione di consapevolezza.La formazione alla leadership è sempre all'ordine del giorno delle organizzazioni di formazione per l'aviazione. Ad esempio, l'Università di Cranfield offre una formazione sulla leadership come parte dell'addestramento degli equipaggi di volo. Le capacità e le competenze di leadership possono essere sviluppate anche se si comprendono le basi del comportamento umano e le relative variabili. Sulla base di questa accettazione, è stato progettato per aumentare la motivazione dei leader sia per aumentare le competenze che per utilizzare queste competenze. Una delle caratteristiche principali di questo programma è che le funzioni di gestione e le dinamiche dell'ambiente di lavoro sono trattate insieme allo sviluppo di capacità nelle aree delle competenze gestionali, della comunicazione, del processo decisionale e della consapevolezza della situazione.(vedi dettagli Cranfield Aviation Training (2023) , **Leadership**

Training, Retrieved at January 20, 2023 from https://www.cranfield.co.za/AviationCourses/FlightCrew/LeadershipTraining/tabid/174/language/en-ZA/Default.aspx)

Al fine di mantenere e sviluppare l'industria aeronautica, è necessario un sistema di formazione secondo gli standard internazionali per soddisfare la necessità di personale esperto e qualificato con competenze tecniche adeguate in ogni settore dell'aviazione civile. Gunumuzde a§i ve tedbirlerle pandeminin etkileri azalsa da uzaktan egitim hibrit §ekillerde devam etmektedir. Inoltre, l'apprendimento a distanza e i modelli di istruzione nell'aviazione civile rappresentano un'opportunità per migliorare e aggiornare i professionisti del settore dell'aviazione e dei viaggi.

La progettazione di ambienti di educazione a distanza multiculturali, democratici, interattivi, flessibili, aperti e accessibili è una pratica nuova. Come requisito della vita contemporanea, le società che vogliono offrire opportunità di istruzione paritarie e democratiche ai loro individui stanno passando alle applicazioni di Educazione a Distanza utilizzando le opportunità fornite dalla tecnologia e dalle applicazioni basate sulla tecnologia. Inoltre, l'Istruzione a distanza, che comprende approcci e politiche molto diversi dalle attività educative tradizionali in termini di progettazione, teoria e pratica, porta con sé cambiamenti radicali e strutturali nei processi di apprendimento.

L'aviazione è un settore con una struttura dinamica composta da molteplici sottosistemi e discipline, in cui gli sviluppi tecnologici vengono applicati rapidamente. Questo settore ha standard, procedure e pratiche che vengono costantemente rinnovate con lo sviluppo della tecnologia. Dall'inizio degli anni 2000, i corsi di formazione hanno iniziato a essere svolti con il metodo della formazione a distanza nell'ambito dell'istruzione accademica nel settore dell'aviazione civile. Di seguito sono riportati alcuni esempi di organizzazioni leader nel campo dell'istruzione nell'aviazione civile:
- L'Embry-Riddle Aeronautical University (ERAU) è un'istituzione pluripremiata che si distingue come fornitore leader di istruzione superiore e di formazione tecnica moderna.

La Embry-Riddle School of Aviation è stata fondata nel 1926 come scuola di pilotaggio e meccanica di volo. È una delle prime scuole di aviazione al mondo, poiché è stata fondata solo 23 anni dopo che il primo aereo è stato prodotto e fatto volare con successo. Con un patrimonio aeronautico di quasi 100 anni, l'università è stata pioniera nel campo dell'aviazione fin dal primo volo. Oggi, i settori dell'aerospazio, dell'ingegneria, dello spazio, della sicurezza informatica, del business globale, ecc. Offre una gamma completa di programmi accademici nei settori (https://www.hotcourses-turkey.com/study/us-usa/school-college- university/embry-riddle-aeronautical-university/117161/international.html)

I due campus dell'ERAU negli Stati Uniti che offrono alloggio si trovano uno in una maestosa zona montuosa dell'Arizona e l'altro in una splendida zona costiera della Florida. Il Campus mondiale è composto da oltre 130 filiali in tutto il mondo e dispone di un ampio campus digitale per gli studenti che seguono corsi a distanza.

L'Università dell'Aviazione di Embry-Riddle offre formazione nelle sottosezioni dell'aviazione con metodi di istruzione a distanza, programmi accademici e certificati .https://www.hotcourses-turkey.com/study/us-usa/school-college-university/embry-riddle-aeronautical-university/117161/international.html

L'approccio innovativo dell'Embry-Riddle Aeronautical University all'apprendimento a distanza ha reso l'istruzione di qualità accessibile agli studenti di tutto il mondo. Gli strumenti utilizzati comprendono risorse didattiche all'avanguardia come Canvas e EagleVision. (https://worldwide.erau.edu/online-learning)

In conformità con le norme e i regolamenti dell'aviazione, i corsi di formazione sono rivolti sia ai candidati che ai professionisti. Alcuni corsi di formazione in diversi settori dell'aviazione civile possono essere impartiti a distanza e con l'aiuto della tecnologia, con prestazioni elevate e in modo ben qualificato. L'istruzione a distanza, che è sia facile da gestire che da utilizzare in termini di costi e di opportunità di accesso, supporta anche le attività aeronautiche che vengono svolte in condizioni di costi e tempi elevati. La formazione a distanza nell'aviazione civile ha iniziato a essere impartita quasi negli anni 2000, non in condizioni di pandemia. I corsi di formazione a distanza, che possono eliminare i limiti di tempo e di luogo, vengono impartiti da organizzazioni esperte, contribuendo così alla formazione di aviatori globali e all'aumento della sicurezza e della protezione. Grazie alla formazione a distanza, gli aviatori hanno la possibilità di ricevere formazione dalle migliori organizzazioni con i migliori contenuti e dai migliori esperti. Nel mondo semplificato dell'istruzione di oggi, l'accesso all'istruzione è sempre più difficile. La formazione a distanza offre l'opportunità di gestire i rischi di accesso.

Tuttavia, l'istruzione a distanza nell'aviazione ha dei limiti, perché in alcune aree non è possibile condurre la formazione pratica di manutenzione e di volo a distanza. Pertanto, nell'aviazione civile esiste un ambiente di formazione ibrido. I responsabili della formazione devono avere competenze di gestione, coordinamento e motivazione dell'ambiente ibrido ed essere bravi a gestire i rischi in queste aree.

Come una delle organizzazioni leader, l'ICAO offre un Global Aviation Training che supporta l'accesso alla formazione digitale. Allo stesso modo, la IATA sta organizzando molti corsi di formazione digitale per "Sviluppare professionisti per l'industria del trasporto aereo di domani (vedi https://www.iata.org/en/training/)" come i seguenti argomenti (https://www.iata.org/en/training/subject-areas/):

Tabella 1 Corsi di formazione IATA https://www.iata.org/en/training

Corsi sui servizi di navigazione aerea	Corsi di gestione delle compagnie aeree	Corsi sulle operazioni e sulla qualità delle compagnie aeree
Corsi in aeroporto	Corsi di Cargo e Logistica	Corsi delle autorità dell'aviazione civile
Merci pericolose Regolamenti (DGR)	Corsi su Ambiente e Carburanti	Corsi su tariffe e biglietteria
Finanza e contabilità corsi	Corsi per le operazioni a terra	Corsi di legge e regolamenti
Corsi di gestione e leadership	Corsi di sicurezza	Corsi di vendita e marketing
Corsi di sicurezza	Corsi di viaggio e turismo	

Come si evince dalla Tabella 1, la leadership è una delle materie più importanti nei contenuti formativi. L'aviazione richiede una leadership globale e di rischio per gestire i rischi manageriali e operativi sia per la sicurezza dell'aviazione che per la security.

Sebbene le limitazioni imposte dalla pandemia siano state abolite nelle università e sia stata introdotta la formazione faccia a faccia, i corsi a distanza sono ancora presenti nel curriculum. Molte università con programmi di aviazione offrono ancora alcuni corsi a distanza. L'Università dell'Aviazione di Embry-Riddle offre corsi di formazione nelle sottosezioni dell'aviazione con metodi di istruzione a distanza, programmi accademici e certificati.(vedi altri dettagli https://worldwide.erau.edu/online-learning)

Rapporto tra nuove opere e leadership del rischio

I nuovi modelli di business hanno un approccio orientato ai dipendenti. pertanto, si mira ad aumentare la motivazione e la fedeltà dei dipendenti garantendo l'equilibrio tra lavoro e vita privata attraverso l'implementazione di nuovi modelli di business che sosterranno la motivazione dei dipendenti, e a contribuire alle organizzazioni in termini di efficienza lavorativa, efficacia del lavoro e risparmio di tempo.

Poiché le organizzazioni del settore aeronautico operano con un'attenzione particolare alla sicurezza, la leadership in questo settore ha le qualifiche per supportare questo obiettivo. pertanto, invece di un titolo di leadership separato nel settore aeronautico, si può parlare di una leadership globale del rischio modellata in base alle dinamiche di ciascun settore. In effetti, il punto comune in questione è che il nuovo stile di leadership è globale e basato sul rischio.

La leadership del rischio globale nel mondo degli affari si riferisce alla capacità delle aziende di identificare, valutare e gestire i rischi che possono influire sulle loro operazioni, sulla reputazione e sui risultati finanziari in diverse aree geografiche e settori. Un'efficace leadership del rischio globale richiede un approccio più strategico, dinamico, innovativo, creativo, proattivo e integrato alla gestione del rischio, che tenga conto di una serie di rischi potenziali, compresi i fattori economici, politici, ambientali e tecnologici. allo stesso tempo, i leader del rischio globale potrebbero dover essere più orientati al comportamento e alla cultura in termini di diversità e inclusione.

Per costruire una leadership globale del rischio, le aziende devono avere una profonda comprensione del panorama del rischio, compresi i rischi emergenti e le tendenze che possono influenzare le loro operazioni. Ciò richiede un solido processo di valutazione del rischio che includa un monitoraggio regolare dei rischi globali e misure proattive per mitigare i potenziali impatti. Oltre alla valutazione e alla mitigazione dei rischi, la leadership del rischio globale comprende una comunicazione e una collaborazione efficaci tra diversi team e stakeholder. Le aziende devono promuovere una cultura di consapevolezza del rischio e dare ai propri dipendenti la possibilità di identificare e segnalare i potenziali rischi il prima possibile.

In definitiva, la leadership del rischio globale è essenziale per le aziende, sia per mantenere il loro vantaggio competitivo, sia per creare strategie innovative e per essere flessibili nell'ambiente commerciale odierno, complesso e in rapida evoluzione. Anticipando e mitigando i rischi, le aziende possono proteggere meglio la propria reputazione, migliorare le proprie prestazioni finanziarie e garantire un successo a lungo termine.

Parte 1. Riferimenti

(https://www.mckinsey.com/capabilities/operations/our-insights/everyone-   è-all'interno della distanza-da-luogo-costruire-competenze-da-remoto)

Approfondimenti ACI. (2021). *La pandemia COVID-19, un acceleratore per la digitalizzazione degli aeroporti.* https://blog.aci.aero/the-covid-19-pandemic-an-accelerator-for- airport-digitalization/

BBC. (2021). *British Airways continuerà il piano di lavoro da casa dopo Covid.* https://www.bbc.com/news/business-56451641

Cranfield Aviation Training (2023) , **Formazione alla leadership, recuperato il 20 gennaio 2023 da**
https://www.cranfield.co.za/AviationCourses/FlightCrew/LeadershipTraining/tabid/174/language/en-ZA/Default.aspx

Dan Dutton, (2020), **The Current Requirement For** Remote **Working Is Defining The Aircraft Mro Operations Of The Future, IFS blog, Recuperato il 19 gennaio 2023 da** , Https://Blog.ifs.Com/2020/05/The-Current-   Requirement-For-Remote-Working-is-Defining-The-Aircraft-Mro-Operations- Of-The-Future/

DiStasio, Cat (2022), Modelli di lavoro ibridi: Cosa è giusto per la vostra azienda?, SPARK, recuperato il 19 gennaio   2023 da
https://www.adp.com/spark/articles/2022/01/hybrid-working-models-what-is-right-for-your-business.aspx)

Dutta e altri, 2021)
https://www.mckinsey.cpm/capabiliTties/pperatipns/pur-insights/everyone-is-within-learning-distance-building-skills-remotely)

flexjobs. (Eri§im tarihi: 2022). *United Airlines - Trova lavoro a distanza da casa o   lavori   flessibili.*   https://www.flexjobs.com/remote-

jobs/company/united_airlines
https:/ /www.thestreet.com/investing/airline-offers-flight-subscription)
https://kanboapp.com/blog/how-airline-and-aviation-industries-are- redefining-remote-work-with-kanbo/, consultato il 19 gennaio 2023.
https://worldwide.erau.edu/online-learning
https://worldwide.erau.edu/online-learning
https://www.aa.com.tr/tr/sirkethaberleri/sirketler/is-dunyasi-ofis-disinda-calismayi-sevdi/665923, 07 novembre 2022
https://www.hotcourses-turkey.com/study/us-usa/school-college-university/embry-riddle-aeronautical-university/117161/international.html
https://www.iata.org/en/training
https://www.industryleadersmagazine.com/most-influential-leaders-in- the-aviation-industry/).
https://www.ing.com.tr/tr/sizin-icin/diger-urun-ve-hizmetler/ik-calisma-modelleri, 07 novembre 2022)
https://www.internationalairportreview.com/article/31508/neville-hay-leadership/)
https://www.mckinsey.com/capabilities/operations/our-insights/everyone- è-imparare-a-distanza-costruire-competenze-a-remoto
https://www.mercer.com.tr/basin-odasi-haberler/2021-turkiye-yetenek-egilimleri-aratrmasi.html)
Relazioni con gli investitori di Pegasus, 2020
SATAIR. (2018). *Sette tecnologie emergenti che cambieranno il settore MRO.* https://blog.satair.com/new-mro-technology.
Aeroporti TAV. (2020). *Rapporto annuale.*
Tecnologie TAV. (Eri§im tarihi: 2022). *Aeroporti dopo la pandemia COVID-19.* https://tavtechnologies.aero/en-EN/review/pages/airports-post-the- covid-19-pandemia adresinden al i nd i
United airlines https://fortune. com/2022/10/19/united-airlines-hybrid-work-boost-ticket-sales-q3-2022-earnings/
Gruppo editoriale Workpath. (2020). *La definizione di nuovo lavoro.* https://www.workpath.com/magazine/new-work-definition

HUB DI FILIERA "AEROPORTI"

Il ruolo degli hub della catena di fornitura: Gli aeroporti nell'industria dell'aviazione".

In termini generali, l'espressione "sviluppo sostenibile" indica uno sviluppo che risponde alle esigenze della generazione attuale senza compromettere la capacità di soddisfare le esigenze della generazione successiva. Di solito, questa espressione viene utilizzata in senso ambientale. Tuttavia, può anche significare, come nel contesto dello sviluppo di questa sezione, garantire la sostenibilità di un'industria. Il trasporto aereo, come tutte le altre modalità di trasporto, è una rete che influenza fortemente la sostenibilità delle società e delle economie, sia a livello locale che oltre i confini politici regionali. Anche gli aeroporti sono uno dei componenti chiave di questa rete (Dogani§, 1992).

Gli aeroporti svolgono un ruolo decisivo e centrale nelle catene di approvvigionamento globali. Gli aeroporti, che fungono da centri critici per il trasporto delle merci, facilitano il commercio internazionale e aumentano il volume degli scambi nell'economia odierna. Ci sono indicazioni specifiche che indicano che gli aeroporti stanno agendo come hub della catena di approvvigionamento. Il primo di questi è il trasporto merci. Oltre ai carichi vivi e preziosi che non possono essere trasportati con altre modalità di trasporto, molti carichi possono ora essere trasportati da qualsiasi parte del mondo a qualsiasi luogo in breve tempo. Uno dei motivi principali per cui il commercio globale è veloce e richiesto è l'aviazione e (quindi) gli aeroporti.

Gli aeroporti sono centri operativi, di coordinamento e di gestione vitali per il trasporto aereo di merci. deperibili - tra cui beni vivi (fiori, frutta, alimenti, bevande, ecc.), articoli di alto valore (gioielli, metalli, ecc.), dispositivi digitali e sensibili, e tutte le spedizioni sensibili al tempo Gli aeroporti, come gli scali, hanno la funzione di essere il fulcro della catena di approvvigionamento per la distribuzione globale dei prodotti. In questo senso, le catene di approvvigionamento sono una fonte di opportunità.

Gestione dei rischi per le attività aeroportuali e la catena di fornitura

Gli aeroporti forniscono input e valore aggiunto significativi alla società - in particolare all'occupazione e alla mobilità globale - e all'economia mondiale. L'economia degli aeroporti, d'altra parte, dipende dallo sviluppo e dall'utilizzo di varie capacità di generare entrate nei settori aeronautici e non aeronautici che rientrano nel loro ambito, e quindi dai loro livelli di traffico intenso. Sotto questi aspetti, l'impatto, gli effetti sociali, lo scopo e il ruolo degli aeroporti sulle società sono molto diversi dalle loro definizioni tradizionali. Questa differenziazione ha anche trasformato e diversificato i rischi delle operazioni aeroportuali. Tuttavia, lo scopo dell'esistenza degli aeroporti dal punto di vista tradizionale esiste ancora: secondo questo punto di vista, lo scopo dell'esistenza degli aeroporti è quello di fornire le infrastrutture che consentano il trasporto di passeggeri e merci da un punto all'altro in modo sicuro, protetto ed efficiente. Con un approccio che include sistemi e idee alternativi e forse molto più diversi, l'aeroporto viene considerato nell'ambito di una struttura più ampia che comprende scambi economici e opportunità commerciali. Pertanto, l'aeroporto non funge solo da interfaccia per le attività delle compagnie aeree. Le "città" aeroportuali sono la fonte di sviluppi molto importanti che influenzeranno diversi settori. Da questo punto di vista, i fattori di rischio e i loro effetti richiedono una serie di risposte strategiche e manageriali nel settore. è anche necessario, in termini di risorse, che queste risposte siano il più semplici possibile. Inoltre, gli aeroporti sono una parte necessaria della catena di fornitura dell'industria aeronautica perché la maggior parte delle attività della catena di fornitura si svolge negli aeroporti.

Gli aeroporti forniscono input e valore aggiunto significativi alla società - in particolare all'occupazione e alla mobilità globale - e all'economia mondiale. L'economia degli aeroporti, d'altra parte, dipende dallo sviluppo e dall'utilizzo di varie capacità di generare entrate nei settori aeronautici e non aeronautici che rientrano nel loro ambito, e quindi dai loro livelli di traffico intenso. Sotto questi aspetti, l'impatto, gli effetti sociali, lo scopo e il ruolo degli aeroporti sulle società sono molto diversi dalle loro definizioni tradizionali. Questa differenziazione ha anche trasformato e diversificato i rischi delle operazioni aeroportuali. Tuttavia, lo scopo dell'esistenza degli aeroporti dal punto di vista tradizionale esiste ancora: secondo questo punto di vista, lo scopo dell'esistenza degli aeroporti è quello di fornire le infrastrutture che consentano il trasporto di passeggeri e merci da un punto all'altro in modo sicuro, protetto ed efficiente. Con un approccio che include sistemi e idee alternativi e forse molto più diversi, l'aeroporto viene considerato nell'ambito di una struttura più ampia che comprende scambi economici e opportunità commerciali. Pertanto, l'aeroporto non funge solo da interfaccia per le attività delle compagnie aeree. Le "città" aeroportuali sono la fonte di sviluppi molto importanti che influenzeranno diversi settori. Da questo punto di vista, i fattori di rischio e i loro effetti richiedono una serie di risposte strategiche e manageriali nel settore. è anche necessario, in termini di risorse, che queste risposte siano il più semplici possibile. Inoltre, gli aeroporti sono una parte necessaria della catena di fornitura dell'industria aeronautica perché la maggior parte dell'attività della catena di fornitura si svolge negli aeroporti.

La gestione della catena di fornitura (SCM) può essere descritta come il processo di pianificazione, gestione, esecuzione e miglioramento dei processi aziendali chiave che assicurano la consegna efficace di prodotti e servizi dai fornitori al cliente finale, come illustrato nella figura 1 (Helmold & Terry 2021). L'SCM implica il processo che consente un flusso efficace di informazioni, materiali e servizi dai fornitori, dalla catena di fornitura a monte con le materie prime e i materiali al funzionamento e alla consegna finale di prodotti e servizi al cliente finale o alla catena di fornitura a valle. L'SCM consente l'integrazione simultanea delle specifiche del cliente, un aspetto importante che contribuisce a migliorare le prestazioni del processo interno, che in ultima analisi influenzano le prestazioni dei fornitori a monte (Werner 2020). Sulla base di queste definizioni, è evidente che la caratteristica comune del SCM è quella di migliorare il coordinamento end-to-end come risultato di un'efficace integrazione dei processi interni ed esterni della catena di fornitura, al fine di fornire valore al cliente finale. Pertanto, si può affermare che i potenziali benefici di un SCM migliorato possono essere considerati quelli di una maggiore qualità dei prodotti o dei servizi, di un effettivo risparmio sui costi, di tempi di consegna più brevi e affidabili, di minori interruzioni e di riduzione dei rischi. La soddisfazione del cliente e la fornitura di servizi efficaci possono essere considerati i fattori chiave che consentono a un'azienda di sopravvivere in un mercato altamente competitivo (Bozarth e Handfield 2016). Pratiche efficaci di gestione della supply chain (SCM) sono diventate preziose per accrescere il vantaggio competitivo riducendo gli sprechi, aumentando l'efficienza e migliorando quindi le prestazioni complessive dell'organizzazione e la sua strategia.

Una catena di approvvigionamento è una rete complessa tra fornitori, produttori, canali di distribuzione e clienti per fornire beni e servizi a un'azienda. Le fluttuazioni economiche e i cambiamenti di produzione nelle industrie possono portare all'incertezza della domanda. Le catene di fornitura possono avere problemi di approvvigionamento di materiali e materie prime, come nel caso dell'ultima pandemia COVID e dell'attuale crisi dei chip. Anche situazioni come il fallimento dei fornitori, la carenza di materiali, i problemi di trasporto o le catastrofi naturali possono interrompere la fornitura di materiali. le catene di fornitura comprendono in realtà la gestione delle relazioni con gli stakeholder. Fattori come i problemi finanziari dei fornitori coinvolti nella catena di fornitura, i problemi di qualità o i cambiamenti o le interruzioni nei processi produttivi possono impedire il buon funzionamento della catena di fornitura. Molti fattori come l'intelligenza artificiale, la digitalizzazione, la gestione delle scorte, i fattori politici e geopolitici influenzano sia la catena di fornitura stessa che i suoi risultati.

Secondo "**Marc Helmold & Ay§e Kuquk Yilmaz & Tracy Dathe & Triant G. Flouris, (2022) la** concorrenza feroce, i megatrend, la pandemia COVID-19, la globalizzazione in corso e la liberalizzazione permanente dei mercati hanno cambiato drasticamente il volto delle catene di fornitura. Le aziende che vogliono sopravvivere in un ambiente ostile devono stabilire una combinazione ottimale di forniture, catene di approvvigionamento e operazioni. La resilienza e la stabilità della catena di fornitura hanno un forte impatto sulla pianificazione, la progettazione e la gestione delle catene di fornitura e sull'implementazione di approcci sostenibili per la gestione del rischio della catena di fornitura. La gestione del rischio della catena di fornitura (SCRM) è definita in questo contesto come l'attuazione di strategie per la gestione dei rischi quotidiani ed eccezionali lungo la catena di fornitura, basate su una valutazione continua del rischio con l'obiettivo di ridurre la vulnerabilità e garantire la continuità. Il SCRM applica gli strumenti del processo di gestione del rischio dopo aver consultato i servizi di gestione del rischio, in collaborazione con i partner della catena di fornitura o in modo indipendente, per affrontare i rischi e le incertezze causati da, o che riguardano, le attività legate alla logistica, la disponibilità dei prodotti (beni e servizi) o le risorse nella catena di fornitura. (Helmold, Yilmaz, Dathe, & Flouris, 2022)

Anche in questo caso, per gestire la catena di fornitura. Secondo "**Marc Helmold & Ay§e Kuquk Yilmaz & Tracy Dathe & Triant G. Flouris, 2022. Secondo Marc Helmold & Ay§e Ku§k Yilmaz & Tracy Dathe & Triant G. Flouris, 2022. "Supply Chain Risk Management", Management for Professionals, Springer",** per garantire la resilienza e la sostenibilità della catena di fornitura, esistono rischi principali nei seguenti settori, come l'industria automobilistica:

S *Carenza di container e rischio di perdita di clienti*
S *tecnologia dei veicoli elettrici sviluppo delle tecnologie digitali*
S *Rischi di finanziamento*
Guerre commerciali e rallentamento delle importazioni
S *Semiconduttori e chip*
S *Rischi operativi e risorse*
S *Digitalizzazione delle catene di fornitura*

Figura 3Rischi della catena di fornitura nell'industria automobilistica (Fonte: Marc Helmold &-Ayse Kuquk Yilmaz & Tracy Dathe & Triant G. Flouris, 2022. "Supply Chain Risk Management", Management for Professionals, Springer, numero 978-3-030-90800-3, dicembre. https://link.springer

Gli hub della catena di approvvigionamento: Aeroporti

L'industria aeronautica e i suoi componenti sono un complesso insieme di sistemi. Le operazioni aeroportuali sono una parte importante di questo sistema. Negli ultimi anni, i rischi sono aumentati nell'ambiente operativo aeroportuale, in continuo cambiamento e sviluppo, con l'impatto delle pratiche di liberalizzazione, commercializzazione e privatizzazione. In un ambiente intensamente competitivo, in cui il tasso di ricambio tecnologico è elevato, la globalizzazione e le collaborazioni strategiche aumentano, l'esistenza delle imprese aeroportuali dipende dalla correttezza e dall'efficace attuazione delle strategie di gestione (Doganis, 1992).

I tre pilastri della sostenibilità sono lo sviluppo economico, lo sviluppo sociale e l'ambiente. Il raggiungimento di un equilibrio tra i costi e i benefici di ciascun pilastro fornisce principi generali per lo sviluppo e il funzionamento di un aeroporto. I tradizionali prerequisiti dell'aviazione, come la sicurezza, possono essere considerati parte integrante dei pilastri economici e/o sociali (Airports

Council Airports, 2018).

L'aviazione è un settore che utilizza le tecnologie più avanzate e sostiene lo sviluppo di altri settori. Sebbene sia stato interrotto da motivi quali pandemie, crisi, decisioni politiche e terrorismo, si prevede che il settore in più rapida ripresa sarà ancora quello dell'aviazione.

In questa sezione vengono esaminate le questioni fondamentali della gestione e dell'economia aeroportuale. Sono stati presentati gli elementi del sistema di gestione aeroportuale e discussi con un approccio strategico e basato sul valore della gestione del rischio. Inoltre, in questa sezione vengono presentate informazioni complete sull'economia aeroportuale, tenendo conto delle caratteristiche uniche della gestione e delle operazioni aeroportuali e delle dinamiche specifiche del settore.

Strategie di gestione del rischio nelle operazioni aeroportuali

Gli aeroporti sono uno degli elementi fondamentali dell'industria aeronautica. In breve, un aeroporto è un luogo in cui si riuniscono diversi elementi e un'ampia varietà di attività per consentire lo scambio tra trasporto aereo e terrestre. Nell'allegato 1 dell'addendum sugli aeroporti pubblicato dall'ICAO, l'aeroporto è definito come "un'area designata sulla terra o sull'acqua (compresi gli edifici, le installazioni e le attrezzature) destinata a essere utilizzata interamente o parzialmente per l'arrivo, la partenza e il movimento di superficie degli aeromobili" (Kupiik Yilmaz Yilmaz & Light, 2016). Le funzioni principali dell'aeroporto sono: consiste in tutti i servizi necessari all'aeromobile, che è l'elemento più importante del trasporto aereo, per continuare le sue attività in sicurezza e i servizi necessari ai passeggeri (Aydogan, 2016).

Secondo la Direzione Generale dell'Autorità Aeroportuale dello Stato (DHMI), gli aeromobili all'interno dell'Aeroporto, nella sua totalità o in parte; Un'area definita (dotata di edifici, strutture e attrezzature) creata sulla terra o nell'acqua per consentire loro di effettuare atterraggi, decolli e movimenti a terra (DHMi, 2011). L'aeroporto è definito come l'aeroporto in cui le procedure doganali, di immigrazione, di sanità pubblica, di quarantena animale e vegetale e operazioni simili vengono svolte senza perdite di tempo (DHMi, 2011).

Alcuni aeroporti del nostro Paese sono gestiti esclusivamente dal DHMI, mentre altri sono gestiti da società private sotto il controllo e la supervisione del DHMI. L'aeroporto Hasan Polatkan di Eski§ehir è gestito dall'Università Tecnica di Eski§ehir. L'aeroporto Hasan Polatkan (IATA: AOE - ICAO: LTBY), situato nel campus 2 Eylul, ha la caratteristica unica di essere un aeroporto internazionale gestito da un'università. L'Università Tecnica di Eski§ehir è stata aperta al traffico aereo nel 1989 per fornire servizi di livello internazionale al fine di svolgere attività di trasporto aereo nazionale e internazionale per Eski§ehir e le regioni circostanti, oltre alle attività di formazione al volo svolte all'interno della Facoltà di Scienze Aeronautiche e Spaziali. L'aeroporto ha ottenuto la licenza operativa nel 2007 ed è passato alla storia come il primo aeroporto universitario autorizzato al mondo. È gestito dal Rettorato dell'Università Tecnica di Eski§ehir. Serve anche come gate di frontiera temporaneo. Presso l'aeroporto Hasan Polatkan, la Facoltà di Aeronautica e Astronautica dell'ESTU offre corsi di addestramento per piloti, voli relativi ad attività di manutenzione di aeromobili di peso inferiore a 5700 kg, voli di misurazione di dispositivi di atterraggio e navigazione obbligatori, voli di trasporto passeggeri nazionali di linea e non di linea, voli di trasporto passeggeri internazionali di linea e non di linea. ((KUQUK YILMAZ, 2017).

Operazioni aeroportuali e gestione del rischio
La gestione aeroportuale è definita come la gamma di attività necessarie per gestire efficacemente gli aeroporti. Queste vanno dalla pianificazione delle strutture future all'implementazione di progetti e alla supervisione delle operazioni in corso (Neufville, 2017). Storicamente, quasi tutti gli aeroporti erano di proprietà dello Stato a livello nazionale o locale. Tuttavia, negli ultimi decenni si è registrata una tendenza a spostare la proprietà e/o la gestione degli aeroporti verso il settore privato o il partenariato pubblico-privato. Le ragioni sono diverse, ma principalmente per aumentare la produttività e le prestazioni finanziarie e/o per fornire nuovi fondi per gli investimenti o l'accesso ai mercati dei capitali (Graham, 2017). I principali aeroporti di oggi vanno oltre gli hub di trasporto pubblico del XX secolo per diventare infrastrutture commerciali strategiche del XXI secolo, in grado di attrarre praticamente tutte le attività commerciali. Alcune regioni aeroportuali sono ora in competizione con i centri metropolitani nel mix industriale e nel dominio economico regionale (Kasarda J., 2020).

I progressi del trasporto aereo ne hanno fatto uno dei maggiori artefici dello sviluppo e del progresso della società moderna in termini di tecnica e di servizi. Gli aeroporti sono uno degli elementi importanti e fondamentali del sistema di trasporto aereo. Gli sviluppi del trasporto aereo e i cambiamenti che ne derivano hanno serie ripercussioni sia sugli aeroporti che sulla gestione degli aeroporti, e quindi sugli approcci gestionali da applicare in queste imprese. Oggi si cerca di raggiungere l'ottimizzazione nel campo della gestione nel contesto dei valori, della gestione del rischio d'impresa e della strategia, perché lo scopo delle imprese crea valore per i loro stakeholder. Gli aeroporti devono creare valore sia sociale che economico per la loro sostenibilità aziendale. Nel farlo, devono fornire efficienza ed efficacia operativa. Pertanto, lo scopo non è solo la gestione delle prestazioni, ma comprende anche la gestione delle prestazioni.

In sostanza, la gestione aziendale è un processo decisionale basato su più criteri. Lo scopo del processo decisionale è quello di creare valore. Ma nella vita reale le cose sono spesso molto più complesse e nella pratica possono verificarsi conflitti. Per raggiungere gli obiettivi aziendali nelle operazioni aeroportuali, le prestazioni aziendali saranno più vicine al livello desiderato con un approccio manageriale che consideri i rischi aziendali nel quadro dei valori. (Yilmaz A. K., 2008). Gli aeroporti stanno acquisendo sempre più un orientamento commerciale. Ciò significa che la gestione delle prestazioni e la gestione del rischio d'impresa basata sui valori sono nelle agende dei dirigenti. Ci sono ragioni che rendono difficile la gestione basata sul valore per gli operatori aeroportuali, come l'alto livello di incertezza, la pressione temporale, la crescente concorrenza e complessità, l'esistenza di rischi potenziali vari e interattivi, la prioritizzazione dei rischi, la necessità di un processo decisionale rapido ed efficace. Le imprese hanno come scopo ultimo la creazione, la protezione e l'incremento del valore. Le imprese utilizzano anche un'enorme quantità di risorse come tempo, sforzi, investimenti e valori. Tutto questo avrà senso quando sarà fornito, gestito, misurato, incoraggiato e supportato per ottenere il massimo valore.

Per aeroporti si intende una serie di attività. Queste vanno dalla pianificazione delle strutture future all'attuazione dei progetti e alla supervisione delle operazioni in corso (Neufville, 2017).

Gli aeroporti sono centri vitali nelle catene di approvvigionamento globali, in quanto fungono da snodi critici per il trasporto delle merci e facilitano il commercio internazionale nel modo più efficiente ed efficace possibile. Gestiscono volumi significativi di merci, tra cui articoli deperibili, prodotti di alto valore e spedizioni sensibili ai tempi. Grazie a strutture e terminali cargo dedicati, gli aeroporti trattano e smistano in modo efficiente le spedizioni per la successiva distribuzione. Gli aeroporti garantiscono la connettività tra regioni e Paesi diversi, fungendo da gateway per l'ingresso e l'uscita delle merci da una determinata regione. Collegano i centri di produzione, i centri di distribuzione e i mercati di consumo, facilitando il flusso regolare delle merci lungo la catena di approvvigionamento. Gli aeroporti fungono da nodi critici all'interno della catena di approvvigionamento globale, collegando produttori, fornitori e consumatori in diverse regioni. Le loro infrastrutture, la connettività e le capacità logistiche li rendono indispensabili per il movimento efficiente delle merci, per le consegne sensibili ai tempi e per il funzionamento complessivo della moderna catena di approvvigionamento.

Storicamente, quasi tutti gli aeroporti erano di proprietà dello Stato a livello nazionale o locale. Tuttavia, negli ultimi decenni si è registrata una tendenza a spostare la proprietà e/o la gestione degli aeroporti al settore privato o al partenariato pubblico-privato. Le ragioni sono diverse, ma principalmente per aumentare la produttività e le prestazioni finanziarie e/o per fornire nuovi fondi per gli investimenti o l'accesso ai mercati dei capitali (Graham, 2017). I principali aeroporti di oggi vanno oltre gli hub di trasporto pubblico del XX secolo per diventare infrastrutture commerciali strategiche del XXI secolo, attirando praticamente tutte le attività commerciali. Alcune regioni aeroportuali sono ora in competizione con i centri metropolitani nel mix industriale e nel dominio economico regionale (Kasarda J. , 2020).

I progressi del trasporto aereo ne hanno fatto uno dei maggiori artefici dello sviluppo e del progresso della società moderna in termini di tecnica e di servizi. Gli aeroporti sono uno degli elementi importanti e fondamentali del sistema di trasporto aereo. Gli sviluppi del trasporto aereo e i cambiamenti che ne derivano hanno serie ripercussioni sia sugli aeroporti che sulla gestione degli aeroporti, e quindi sugli approcci gestionali da applicare in queste imprese. Oggi si cerca di raggiungere l'ottimizzazione nel campo della gestione nel contesto dei valori, della gestione del rischio d'impresa e della strategia, perché lo scopo delle imprese crea valore per i loro stakeholder. Gli aeroporti devono creare valore sia sociale che economico per la loro sostenibilità aziendale. Nel farlo, devono fornire efficienza ed efficacia operativa. Pertanto, lo scopo non è solo la gestione delle prestazioni, ma comprende anche la gestione delle prestazioni.

In sostanza, la gestione aziendale è un processo decisionale basato su più criteri. Lo scopo del processo decisionale è quello di creare valore. Ma nella vita reale le cose sono spesso molto più complesse e nella pratica possono verificarsi conflitti. Per raggiungere gli obiettivi aziendali nelle operazioni aeroportuali, le prestazioni aziendali saranno più vicine al livello desiderato con un approccio manageriale che consideri i rischi aziendali nel quadro dei valori. (Yilmaz A. K., 2008). Gli aeroporti stanno acquisendo sempre più un orientamento commerciale. Ciò significa che la gestione delle prestazioni e la gestione del rischio d'impresa basata sui valori sono nelle agende dei dirigenti. Ci sono ragioni che rendono difficile la gestione basata sul valore per gli operatori aeroportuali, come l'alto livello di incertezza, la pressione temporale, la crescente concorrenza e complessità, l'esistenza di rischi potenziali vari e interattivi, la prioritizzazione dei rischi, la necessità di un processo decisionale rapido ed efficace. Le imprese hanno come scopo ultimo la creazione, la protezione e l'incremento del valore. Le imprese utilizzano anche un'enorme quantità di risorse come tempo, sforzi, investimenti e valori. Tutto questo avrà senso quando sarà fornito, gestito, misurato, incoraggiato e sostenuto per ottenere il massimo valore.

Come tutte le altre imprese, gli obiettivi aziendali delle aziende aeroportuali sono la creazione di un valore condiviso stabile. Creare, proteggere e accrescere il valore nell'ambiente e nelle condizioni attuali del mondo degli affari sta diventando sempre più difficile (Yilmaz, 2007). Di fronte a questo ambiente sempre più competitivo, unito alle crescenti pressioni sulle risorse fisiche e finanziarie, è diventato più importante che mai per gli aeroporti misurare efficacemente le proprie prestazioni. Questo compito è difficile a causa della natura complessa degli aeroporti, con molte strutture e processi diversi e l'esistenza di molti (Graham, 2017).

I problemi di infrastruttura e di capacità comportano rischi che minacciano la continuità e la qualità del servizio. Le fluttuazioni dell'ambiente economico e operativo innescano rischi strategici e richiedono la differenziazione delle strategie da sviluppare e l'elaborazione di nuove strategie. La concorrenza comporta rischi che minacciano l'esistenza dell'impresa (Yilmaz, 2007). Inoltre, gli aeroporti svolgono un ruolo importante nel plasmare la concorrenza delle compagnie aeree. Con la globalizzazione del mondo, i confini nazionali e internazionali sono scomparsi e i trasporti sono diventati possibili da una piccola città o regione a un capo del mondo a un altro capo. Oggi la cooperazione tra i Paesi su questioni tecniche, economiche, finanziarie, commerciali, imprenditoriali e istituzionali è stata realizzata senza alcuna distanza e si è riusciti a garantire il trasporto di persone o di un prodotto da un luogo all'altro in modo sicuro e confortevole e nel più breve tempo possibile. Il trasporto aereo svolge un ruolo molto importante in questo senso. Oltre ad accelerare gli sviluppi economici e tecnologici locali, regionali, nazionali e internazionali, il trasporto aereo fornisce anche un importante contributo sociale e culturale per conoscersi meglio, mettendo in contatto persone con valori culturali diversi (Doganis, 1992).

In quanto parte importante dell'industria aeronautica, gli aeroporti svolgono un ruolo fondamentale nel migliorare la qualità della vita non solo nel macroambiente dei trasporti in generale, ma anche nelle economie regionali intorno all'aeroporto. Pertanto, gli operatori considerano le caratteristiche e le variabili del benchmarking per pianificare e gestire l'aeroporto in modo efficace. (Consiglio degli aeroporti, 2018).

La stragrande maggioranza degli aeroporti nel mondo è di proprietà pubblica e gli investimenti aeroportuali sono coperti dal bilancio statale. Gli investimenti aeroportuali, che sono molto costosi, rendono difficile farvi fronte con le risorse statali. Per questo motivo, la privatizzazione degli aeroporti si è fatta strada. Le forme di privatizzazione più comuni nel mondo sono: il trasferimento della gestione dell'aeroporto a una società privata, il noleggio a lungo termine a condizione che la proprietà dell'aeroporto rimanga allo Stato, il finanziamento e la gestione dell'aeroporto da parte di imprese private attraverso accordi, la vendita di aeroporti a un'impresa privata da parte del governo e infine il modello Build-Operate-Transfer (TUBITAK, 2003).

In termini generali, la privatizzazione degli aeroporti è il trasferimento dei diritti di produzione e vendita di tutti o alcuni prodotti o servizi aeroportuali di proprietà dello Stato a un fornitore di servizi privato (Ozenen, 2003). Fino a 30-40 anni fa, gli aeroporti erano gestiti dai governi centrali o regionali come servizio pubblico nel mondo e nel nostro Paese. Tuttavia, con l'effetto dei movimenti di liberalizzazione nell'economia dei Paesi in via di sviluppo, si sono trasformati in imprese commerciali (Guner & Gulay, 2018).

La gestione degli aeroporti turchi e la regolamentazione e il controllo del traffico aereo nello spazio aereo turco sono affidati alla Direzione Generale dell'Autorità Aeroportuale Statale (DHMI) ((DHMI, 2020). È anche membro dell'"Organizzazione europea per la sicurezza della navigazione aerea (EUROCONTROL)" e delle organizzazioni internazionali correlate, in particolare dell'Airports Council International (DHMI, 2020). I compiti della Direzione Generale del DHMI, stabiliti dal suo Statuto principale, sono: il trasporto aereo, che è un requisito delle attività dell'aviazione civile, la gestione degli aeroporti, la fornitura di servizi aeroportuali a terra, l'esecuzione dei servizi di controllo del traffico aereo, la creazione e il funzionamento dei sistemi e delle strutture di navigazione, la creazione e il funzionamento di altre strutture e sistemi connessi a queste attività e l'innalzamento del livello dell'aviazione moderna (DHMi, 2020).

I riflessi di questi sviluppi nel mondo sul nostro Paese si sono intensificati negli ultimi 16 anni e in particolare il modello "Build-Operate-Transfer (BOT)" di progetti di cooperazione tra settore pubblico e privato è diventato un modello di finanziamento ampiamente utilizzato nel nostro Paese a partire dagli anni '90. Questo modello ha ottenuto il massimo successo nelle applicazioni aeroportuali nel nostro Paese. Questo modello ha ottenuto il massimo successo nelle applicazioni aeroportuali nel nostro Paese. Lo scopo principale del modello BOT applicato in Turchia è la realizzazione di investimenti in tempi molto più brevi grazie alle opportunità e ai finanziamenti del settore privato, senza l'utilizzo di risorse pubbliche, nella realizzazione di progetti che richiedono tecnologie avanzate e risorse finanziarie elevate (Ministero dei Trasporti e delle Infrastrutture, 2018).

Le strutture proprietarie degli aeroporti sono diverse. Ad esempio, gli aeroporti civili in Turchia sono analizzati in tre sezioni in termini di strutture proprietarie. La prima è quella degli aeroporti di proprietà del DHMI. Gli aeroporti di Ataturk, Esenboga e Adnan Menderes ne sono un esempio. Il secondo tipo di proprietà è rappresentato dagli aeroporti di proprietà delle Forze Armate. Gli aeroporti di Bursa, Diyarbakir ed Erzurum possono essere citati come esempi. Infine, sono aeroporti di proprietà privata. L'aeroporto dell'Università di Eski§ehir/Anadolu e l'aeroporto di Istanbul Hezarfen possono essere indicati come esempi di questo tipo di proprietà (Kuguk Yilmaz & I§ik, 2016).

Gli aeroporti in Turchia possono essere suddivisi in quattro classi in termini di funzionamento. La prima è quella degli aeroporti gestiti da DHMI. Ataturk, Esenboga e Adnan Menderes possono essere citati come esempi. Il secondo tipo di funzionamento è rappresentato dagli aeroporti gestiti dalle Forze Armate. Gli aeroporti di Kayseri, Konya e Kahramanmara§ possono essere citati come esempi. Il terzo tipo di attività è rappresentato dagli aeroporti a statuto speciale. Gli aeroporti di Siirt, Manisa/Organize Industry e Iskenderun/M.Kemal University rientrano in questa classe operativa. Infine, gli aeroporti gestiti da THK possono essere citati come gli aeroporti di Ankara/Etimesgut, izmir/Selpuk e Samsun/Bafra (Kupuk Yilmaz & I§ik, 2016).

Impatto sociale degli aeroporti

Il Rapporto sull'economia aeroportuale pubblicato da ACI World sottolinea l'importanza di un settore stabile e sano. Il rapporto delinea un'industria dell'aviazione redditizia a livello globale prima della pandemia COVID-19 e fornisce dati finanziari chiave sugli sviluppi dell'industria aeroportuale nelle operazioni aeroportuali per l'anno fiscale 2018. In questo modo, l'ACI sottolinea il ruolo importante che le operazioni aeroportuali svolgono nel promuovere il benessere economico globale (International Airport Review, 2020).

Le operazioni aeroportuali contribuiscono notevolmente all'economia globale. Pertanto, si ritiene che i contributi che non possono essere forniti a causa dell'attuale processo pandemico avranno un impatto sull'economia.

In termini di economia aeroportuale, il Rapporto ACI fornisce un'istantanea di un'industria sana e redditizia a livello globale prima della pandemia COVID-19. Questa immagine evidenzia l'importanza di un recupero equilibrato ed equo degli operatori aeroportuali dall'epidemia per l'aviazione e l'economia globale. Angela Gittens, direttore generale di ACI World, ha dichiarato: "La pandemia COVID-19 ha causato quest'anno una diminuzione senza precedenti e drammatica dei viaggi aerei; poiché la generazione dei ricavi aeroportuali è legata ai livelli di traffico, l'industria aeroportuale globale prevede una perdita di 76 miliardi di dollari nel 2020 (International Airport Review, 2020).

Trasporto; può essere espresso come "lo spostamento economico, veloce e sicuro di persone e merci per fornire un beneficio". trasporto; è un'attività di servizio la cui domanda è creata da altri settori, e l'industria, il commercio, l'agricoltura e il turismo sono i settori più importanti che creano domanda di trasporto in questo senso (TUBiTAK, 2003).

L'aviazione è un settore di servizi ad alto valore aggiunto (Ministero dei Trasporti e delle Infrastrutture, 2018). Gli approcci e i modelli di gestione adottati dagli aeroporti sono determinanti per l'efficienza delle attività commerciali e quindi dei ricavi non aeronautici. Fino all'inizio degli anni '70, durante la gestione e la pianificazione degli aeroporti nel mondo sono stati adottati approcci e modelli tradizionali e l'obiettivo principale era la funzione di traffico. Negli anni successivi, il modello di gestione aeroportuale è cambiato e si è iniziato ad adottare il modello di gestione commerciale. In questo modello, le funzioni commerciali sono importanti quanto quelle di traffico. Per questo motivo, è emersa la necessità per gli aeroporti di identificare e gestire tutti i rischi da una prospettiva commerciale (Doganis, 1992).

Gli aeroporti devono ottenere il permesso di operare e crescere, non solo dalle autorità di regolamentazione e regionali, ma anche dalle comunità locali e più ampie che servono. Nell'ambito dei principi di sostenibilità, i costi economici e ambientali e sociali del loro sviluppo e delle loro attività, in modo accettabile per gli aeroporti, gli azionisti (proprietari dell'aeroporto), il personale, i passeggeri, i fornitori, le autorità di regolamentazione e le principali parti interessate, compresi i residenti dell'aeroporto, i partner commerciali e i soci d'affari, possono operare bilanciando i loro benefici. devono gestire in modo ottimale il rischio delle relazioni con le parti interessate nell'ambito della sostenibilità (Airports Council Airports, 2018). La funzione primaria di un aeroporto è quella di supportare le compagnie aeree e i loro passeggeri e merci da e verso la destinazione scelta. L'indicatore più ampio delle prestazioni di un aeroporto è il numero di movimenti di aeromobili, il volume di passeggeri e la quantità di merci caricate e scaricate (Graham, 2017). Gli aeroporti sono importanti perché sono i primi luoghi in cui i cittadini stranieri mettono piede sul territorio di destinazione. Questa importanza è dovuta al fatto che gli aeroporti sono la vetrina delle città o dei Paesi in cui si trovano. Pertanto, più queste vetrine sono interessanti e belle, migliore sarà la prima impressione che i cittadini stranieri avranno del Paese in cui mettono piede. Questa situazione sarà ancora più comprensibile se si considera che i grandi aeroporti, che si trovano nella posizione di centri di transito, ospitano ogni giorno migliaia di cittadini stranieri senza mai entrare nel Paese. Pertanto, considerare e progettare gli aeroporti come centri di attrazione darà anche un contributo positivo alle economie nazionali nel lungo periodo (Kupuk Yilmaz & Işik, 2016).

I cambiamenti che hanno interessato il trasporto aereo in termini di aeroporti possono essere raggruppati in tre gruppi: commercializzazione, privatizzazione e globalizzazione (Ozenen, 2003). Aeroporti:

- Creare un valore aggiunto a lungo termine per l'azienda stessa, l'industria aeronautica e le economie locali, regionali e globali;

Cercare di evitare, minimizzare o ridurre gli impatti ambientali e l'uso di risorse naturali non rinnovabili;

- Contribuire allo sviluppo sociale delle comunità locali e più ampie, nonché migliorare le condizioni di vita e di lavoro di dipendenti, partner e clienti,

- sviluppare e gestire strategie per garantire un ampio coinvolgimento di partner, autorità e parti interessate.

La costruzione di un aeroporto è un tipo di investimento che richiede una solida struttura finanziaria. La stragrande maggioranza degli aeroporti nel mondo è di proprietà pubblica e gli investimenti aeroportuali sono coperti dallo Stato. Il fatto che questi investimenti siano coperti dallo Stato comporta un'enorme riduzione del bilancio statale e può portare lo Stato a interrompere le sue principali responsabilità. Per questo motivo, la privatizzazione degli aeroporti si è fatta strada. Le forme di personalizzazione più comuni nel mondo di oggi sono: l'acquisizione della gestione dell'aeroporto da parte di una società privata, l'affitto a lungo termine a condizione che la proprietà dell'aeroporto rimanga allo Stato, o il finanziamento e la gestione dell'aeroporto da parte delle compagnie aeree nell'ambito degli accordi

stipulati con le compagnie aeree private, la vendita degli aeroporti a un'impresa privata da parte del governo, e infine il modello Build- Operate-Transfer applicato in molti aeroporti (Kupiik Yilmaz & I§ik, 2016).
Gli aeroporti sono risorse nazionali vitali. Hanno un ruolo chiave nel trasporto di persone e merci e nel commercio regionale, nazionale e internazionale. Sono il punto in cui il sistema aeronautico nazionale si collega ad altre modalità di trasporto e dove la responsabilità federale per la gestione e la regolamentazione delle operazioni di traffico aereo si interseca con il ruolo dei governi statali e locali, che possiedono e gestiscono la maggior parte degli aeroporti (Transportation Research Board, 2010). Il primo e fondamentale pilastro dell'industria del trasporto aereo è che il settore non è mai costantemente redditizio e la sua redditività è ciclica. I vettori aerei che preferiscono gli aeroporti influenzano l'aeroporto. Pertanto, la performance istituzionale dell'aeroporto dipende in un certo senso dalle scelte fatte da altri. (Abeyratne, 2012). Gli aeroporti sono organizzazioni insolite in quanto sono sia imprese pubbliche che imprese commerciali. Il loro scopo primario è l'adeguatezza finanziaria. I beni aeroportuali sono gestiti stabilendo prezzi e tariffe adeguati per l'utilizzo delle strutture (Byers, 2014). Qualsiasi modello di business aeroportuale si basa sul traffico. Tuttavia, i volumi di traffico non sono sotto il controllo degli aeroporti. Sono soggetti a una serie di fattori esterni, come l'ubicazione regionale, il contesto politico e soprattutto la situazione economica. L'economia aeroportuale è chiaramente dominata dal fatto che gli aeroporti sono imprese bilaterali a costo fisso. È essenziale realizzare economie di scala e investimenti incrementali per ridurre il costo unitario di queste imprese ad alta intensità di asset (Vogel, 2019)). Gli aeroporti di oggi sono potenti calamite commerciali e acceleratori economici delle aree metropolitane. Proprio come le stazioni ferroviarie centrali del nostro passato urbano, queste attività attraggono e catalizzano sempre più attività commerciali, occupazione e sviluppo commerciale (Kasarda, 2020).
Gli aeroporti creano un impatto economico, sociale e ambientale nei settori della sostenibilità. L'impatto economico è una misura dell'impatto dell'occupazione, della spesa e di altre attività economiche simili legate a un settore dell'economia sull'economia complessiva. Gli aeroporti creano i seguenti effetti economici, raggruppati in quattro categorie: diretti, indiretti, di innesco e di accelerazione (Ulgen, Han, Ozbek, & Lokmanoglu, 2016):
i.   L'impatto economico diretto comprende l'occupazione, il reddito e il valore aggiunto associati alla conduzione e alla gestione delle attività negli aeroporti, comprese le imprese connesse all'aeroporto situate all'interno o in prossimità dell'aeroporto.
ii. L'impatto economico indiretto comprende l'occupazione, il reddito e il valore aggiunto associati alla produzione di prodotti e servizi che devono essere forniti per operare un volo passeggeri.

iii. Il concetto di Trigger Economic Impact riflette l'attività economica prodotta dalla spesa del reddito dei dipendenti delle aziende direttamente o indirettamente collegate all'aeroporto nell'ambito dell'economia nazionale.

iv. Accelerazione degli effetti economici: Gli investimenti aeroportuali hanno anche effetti più ampi sull'insieme dell'economia. Il trasporto aereo facilita l'occupazione e lo sviluppo economico dell'economia nazionale attraverso una serie di meccanismi.

Gli aeroporti sono una parte fondamentale dell'economia dello Stato in cui operano. Essi fungono da motori di crescita per le economie locali, regionali e nazionali. In un ambiente economico sempre più commerciale e competitivo, gli aeroporti generano entrate sufficienti per finanziare gli investimenti nelle infrastrutture e nelle operazioni aeroportuali e per mantenere un livello di servizio generalmente accettabile per tutti gli utenti dell'aeroporto, compresi gli operatori di passeggeri e di aeromobili, e per sostenere gli interessi economici della comunità circostante. dovrebbe essere in grado di. (Airports Council Airports, 2018). Gli operatori aeroportuali forniscono le infrastrutture, le strutture e i servizi che consentono agli aeromobili di decollare e atterrare in modo sicuro ed efficiente e permettono ai passeggeri e alle merci di passare dai modi di trasporto di superficie a quelli aerei. Inoltre, offrono sempre più spesso una serie di strutture commerciali per soddisfare le esigenze dei passeggeri, dei dipendenti e dei visitatori e per generare entrate aggiuntive vendendo prodotti e servizi ad altri aeroporti all'estero. Gli aeroporti riuniscono un'ampia varietà di organizzazioni e aziende, tra cui compagnie aeree, fornitori di servizi di controllo del traffico aereo (ATC), società di assistenza a terra, agenzie governative e concessionari commerciali, per svolgere il loro ruolo di componente centrale del sistema di trasporto aereo (Graham, 2017). I centri di costo degli aeroporti sono attività che hanno costi diretti legati al funzionamento e alla manutenzione della struttura. (Byers, 2014):

Gli aeroporti sono stati tradizionalmente gestiti e controllati a livello centrale o locale da enti statali, a causa della loro importanza strategica nazionale e degli elevati costi di investimento. Tuttavia, con il cambiamento delle dinamiche nel settore dell'aviazione e la modifica delle strutture di proprietà e gestione degli aeroporti, gli investimenti del settore privato si sono spostati verso l'aviazione e in particolare verso gli aeroporti. La riduzione del controllo nazionale sulla gestione degli aeroporti e le nuove normative sull'industria del trasporto aereo aumentano la partecipazione del settore commerciale. Le pratiche di privatizzazione eliminano l'onere per i Paesi di investire nella creazione e nello sviluppo degli aeroporti. Gli aeroporti hanno dovuto tradizionalmente competere con le spese pubbliche, come quelle per l'istruzione, la sanità e la difesa. L'aumento dei costi associati agli aeroporti ha rivelato la necessità di indirizzare la prospettiva degli aeroporti, che si trovano in un ambiente intensamente competitivo, verso attività commerciali piuttosto che verso i principi del Paese. Gli investimenti finanziari delle imprese del settore privato nelle operazioni aeroportuali possono essere considerati un modo efficiente e conveniente per massimizzare le entrate di un Paese. Ma questo migliora anche il servizio al cliente e gli standard di qualità. Il livello di reddito aumenta il livello di rischio, privatizzando al contempo lo sviluppo delle capacità gestionali (Freathy, 2004).

Nell'ambito del sistema aeroportuale e dei suoi sottosistemi viene fornita un'ampia gamma di attività e servizi. Si tratta di un settore dipendente dalle attività che rientrano nell'ambito delle operazioni aeroportuali e dalle imprese e dai sistemi coinvolti nella realizzazione di tali attività. Il rapporto tra le compagnie aeroportuali e le compagnie aeree è una delle questioni più rischiose nell'ambito dell'esistenza del business aeroportuale, poiché la ragione di esistenza degli operatori aeroportuali dipende in un certo senso dalle compagnie aeree. Esiste anche una dipendenza dalla logistica e dal supporto dei sistemi informativi. L'accresciuta diversità delle attività negli aeroporti ha anche diversificato i rischi, rendendo più difficile la gestione aeroportuale. La piena comprensione dei servizi offerti in aeroporto e la padronanza della loro portata sono necessarie per rivelare la diversità delle attività svolte qui e la complessità del sistema; inoltre, una chiara comprensione delle attività e dei servizi aeroportuali è fondamentale in termini di comprensione e gestione delle fonti di rischio e dei rischi del sistema in questione (Doganis, 1992). Il contributo dell'industria dell'aviazione civile al prodotto lordo mondiale è più della metà di quello dell'industria alimentare e delle bevande, che è in cima alla gerarchia dei bisogni delle persone (Ministero dei Trasporti e delle Infrastrutture, 2018). A seguito delle tendenze alla liberalizzazione, alla globalizzazione e alla commercializzazione, è sorta un'elevata domanda per l'offerta creata come risultato dello sviluppo di una varietà di servizi adatti alle richieste e alle esigenze dei passeggeri nel trasporto aereo. L'aumento del reddito pro capite in tutto il mondo, lo sviluppo del commercio interregionale e del turismo hanno accelerato il tasso di crescita della domanda del settore (TUBiTAK, 2007). Lo stato dell'economia è un importante fattore determinante per lo sviluppo dei movimenti di passeggeri e merci. Gli aeroporti sono direttamente interessati da questi eventi a causa della cancellazione di rotte e voli in seguito a crisi e guerre. Gli aeroporti sono limitati in ciò che possono fare contro il rischio di una diminuzione della domanda. Si tratta di un rischio che deriva dall'esterno delle operazioni aeroportuali stesse e che viene esternalizzato (Kucuk Yilmaz, 2007).

Gli aeroporti sono definiti dall'ACI come attività ad alta intensità di beni che richiedono molti anni per ammortizzare i significativi investimenti di capitale in piste e terminali. L'ambiente commerciale liberalizzato e liberalizzato dell'aviazione e l'emergere dei vettori a basso costo (LCC) come motori di crescita hanno imposto a molti aeroporti di riesaminare i loro modelli di business tradizionali e di rimodellare il loro focus. In questa fase, gli aeroporti hanno iniziato a concentrarsi su diverse e nuove attività commerciali. Gli aeroporti hanno cambiato la loro direzione di sviluppo in linea con le esigenze di tutti i loro clienti, dalle compagnie aeree ai passeggeri (Airports Council Airports, 2018).

La commercializzazione degli aeroporti, il cambiamento dei modelli commerciali delle compagnie aeree e la liberalizzazione del traffico aereo hanno fatto sì che gli aeroporti si spostassero (diventassero orientati ai passeggeri) verso i passeggeri come utenti finali e beneficiari delle infrastrutture aeroportuali. Le nuove modalità di guadagno derivanti dalla commercializzazione degli aeroporti possono essere suddivise in due gruppi: redditi da locazione e redditi da diritti d'uso. La consapevolezza che gli aeroporti possono essere trasformati in un centro commerciale o di affari ha aumentato l'interesse delle imprese private per questi investimenti. (Doganis, 1992).

Una delle distinzioni più utili per le entrate aeroportuali è la suddivisione in entrate derivanti dall'aviazione e fonti di entrate non aeronautiche (commerciali). Le risorse aeronautiche comprendono tutte le entrate derivanti dalle attività delle compagnie aeree, come le tasse di atterraggio (solitamente basate sul peso dell'aeromobile), le tariffe per i passeggeri (basate sul volume dei passeggeri) e le tasse di parcheggio degli aeromobili (solitamente basate sul peso o sull'apertura alare dell'aeromobile). Se il gestore aeroportuale fornisce direttamente questo servizio, saranno inclusi anche i ricavi dei servizi di assistenza a terra. I ricavi commerciali o non aeronautici provengono da strutture commerciali come negozi al dettaglio, punti di ristoro (di solito esternalizzati, dove al gestore aeroportuale viene corrisposta una percentuale dei ricavi), parcheggi, noleggi auto, pubblicità e affitti. Un'ulteriore disaggregazione di questi ricavi, in particolare nel settore commerciale (ad esempio, diversi tipi di ricavi al dettaglio e diverse vendite per piede quadrato) è una pratica comune quando si valuta la performance (Graham, 2017).

In un'altra classificazione, i ricavi sono suddivisi in due gruppi: servizi obbligatori e vendite dirette. Negli aeroporti esistono fondamentalmente due tipi di entrate. I servizi obbligatori forniti agli aeromobili delle compagnie aeree (come atterraggio, partenza, sbarco, alloggio, traffico aereo) e ai passeggeri (come check-in, bagagli, ritiro in aeroporto). Non dimentichiamo i servizi di spedizione. Il secondo è la vendita diretta ai passeggeri (come cibo, bevande, free-shop e altri acquisti, servizi di parcheggio, hotel, sale conferenze). (Saldiraner, 2015). Secondo l'Airports Council International (ACI) 2019 Airport Connection Report, nel 2019 la Turchia si è classificata al 5° posto tra i Paesi europei per numero di connessioni dirette, indirette, aeroportuali e hub. Nel 2019 ha aumentato i collegamenti diretti del 2,5%, quelli indiretti del 13,7%, quelli aeroportuali dell'8,1% e quelli centrali del 18,1% (Direzione generale dell'aviazione civile, 2019).

Le strutture proprietarie degli aeroporti possono essere diverse. L'importante è che sia funzionale alle esigenze dell'ambiente operativo. Gli aeroporti, in quanto "città aeroportuali", hanno la capacità di creare innovazioni e di offrire servizi confortevoli ai residenti della città. Un altro sviluppo in questo periodo è stato l'aumento dell'interesse per i ricavi non aeronautici, il fatto che le aree commerciali hanno iniziato a occupare più spazio negli aeroporti e un aumento dei ricavi commerciali. In questo modo, si è capito che sarà possibile mantenere a livelli bassi le tasse per l'aviazione (tasse di atterraggio e di parcheggio degli aerei, ecc.), che incidono indirettamente sugli operatori delle compagnie aeree e 96

passeggeri, e di utilizzare la fonte ottenuta dai ricavi commerciali per gli investimenti aeroportuali (Ozenen, 2003).

Gli aeroporti hanno un costo totale per passeggero che si avvicina alle entrate aeroportuali globali. Se si sottraggono le entrate non aeronautiche, le entrate e i costi, che sono quasi alla pari, risulta fondamentale diversificare e aumentare le fonti di entrate non aeronautiche per incrementare le entrate aeroportuali. Secondo il rapporto ACI, le entrate aeroportuali globali per passeggero ammontano a 17,95 dollari, di cui 10,03 dollari per le entrate aeronautiche e 7,03 dollari per le entrate non aeronautiche (il resto sono entrate non operative). È importante notare che il costo totale per passeggero è di 13,76 dollari, il che dimostra ulteriormente l'importanza di sviluppare fonti di reddito non legate all'aviazione per aumentare le entrate derivanti dalle attività di trasporto aereo.

In termini di gestione strategica delle operazioni aeroportuali, è importante identificare i rischi che influiscono sulla sostenibilità e sulla creazione di valore e implementare una gestione orientata alla performance. Il principale fattore di rischio per un aeroporto è rappresentato dalle compagnie aeree. Le prestazioni dell'aeroporto dipendono dalla presenza di clienti forti ed efficienti delle compagnie aeree. Gli aeroporti possono trovarsi ad affrontare le sfide fisiche, finanziarie e legali di vettori in crisi o in fallimento, di vettori low-cost e di start-up, nonché il cambiamento dei modelli di business dei vettori esistenti. Il rafforzamento delle alleanze tra compagnie aeree negli ultimi anni ha reso più complesso il rapporto tra aeroporto e compagnia aerea. Le grandi alleanze aeree apportano un elevato grado di potere di mercato delle compagnie aeree al tavolo di consulenza, ma un altro rischio in questo caso è la volatilità determinata dal cambiamento della struttura delle partnership e dei membri delle alleanze (Airports Council Airports, 2018). I rischi instabili e globali possono complicare l'attuazione delle strategie sviluppate nella gestione dell'aeroporto e nel processo di pianificazione.

La gestione delle prestazioni comporta l'adozione di azioni volte a garantire che gli obiettivi siano costantemente raggiunti in modo efficace ed efficiente.

Poiché gli aeroporti utilizzano risorse significative nelle loro operazioni quotidiane, le carenze di prestazioni possono comportare un sottoutilizzo delle strutture aeroportuali e costi aggiuntivi per gli utenti e per la società nel suo complesso. A loro volta, le buone prestazioni degli aeroporti avranno un impatto positivo sugli altri soggetti interessati all'aviazione (ICAO, 2013). Gli aeroporti operano in un ambiente complesso e hanno diversi gradi di controllo sui servizi che i clienti si aspettano. L'introduzione di modelli di proprietà aeroportuale commerciali e privati ha cambiato la portata e l'importanza della misurazione delle prestazioni per la gestione aeroportuale, le autorità di regolamentazione e le parti interessate. Oggi è diventato più facile ed efficiente monitorare le prestazioni aziendali con un'ampia gamma di strumenti. Allo stesso tempo, la ricerca in materia è aumentata nel mondo accademico e industriale. Nonostante questi sviluppi, le istituzioni pubbliche in generale, e i programmi di misurazione delle performance aeroportuali in particolare, sono generalmente più lenti nell'implementazione e nel raggiungimento dei risultati desiderati rispetto alle istituzioni private. Sebbene esistano esempi di best practice nel mondo delle imprese, molti aeroporti non hanno ancora adottato un sistema di gestione delle prestazioni sistematico e mirato al livello desiderato (Transportation Research Board, 2010). La gestione delle prestazioni è un approccio sistematico e iterativo all'interno di un'organizzazione che consiste nel definire una strategia e nell'eseguirla in armonia con le risorse e i comportamenti; la gestione delle prestazioni dovrebbe far parte del piano di rischio aziendale di un aeroporto. Un aeroporto può applicare la gestione delle prestazioni considerando le seguenti fasi (ICAO, 2013):

a) definire le Aree di prestazione chiave (KPA);
b) definire gli obiettivi di performance tenendo conto dei propri stakeholder;
c) selezionare gli indicatori di performance (e le metriche di supporto);
d) stabilire obiettivi di prestazione tenendo conto degli interessi degli operatori aerei, degli utenti finali e delle altre parti interessate;
e) stabilire e attuare un piano in collaborazione con altri membri della comunità aeronautica per raggiungere gli obiettivi di performance;
f) considerare e, se del caso, fornire incentivi alle prestazioni;
g) valutare periodicamente i risultati effettivi delle prestazioni utilizzando, se del caso, il benchmarking; e
h) pubblicare relazioni sui risultati ottenuti.

Nel settore delle compagnie aeree, la funzione di offerta è quella che tiene conto dei fattori che influenzano l'offerta diversi dal prezzo. In altre parole, il prezzo non è l'unica determinante dell'offerta della compagnia aerea. Vengono presi in considerazione anche fattori diversi dal prezzo (Kucuk Yi-ilmaz, 2016). Gli aeroporti costituiscono un'importante interfaccia tra la consegna e la distribuzione su strada e su rotaia e il volo. L'aeroporto è spesso definito come il luogo in cui si accumula il maggior ritardo nella catena di fornitura. Questo può compromettere il vantaggio significativo del trasporto aereo di merci nel portare i prodotti sul mercato il più rapidamente possibile. Per questo motivo, gli integratori in genere preferiscono operare da aeroporti secondari con meno movimenti di passeggeri e meno congestione (Morrell, 2011). Gli aeroporti che operano in un ambiente commerciale devono cambiare per soddisfare le nuove richieste dei clienti, come i vettori low-cost che attualmente detengono una quota significativa del mercato. Gli aeroporti devono adattarsi continuamente a nuovi requisiti, poiché l'industria dell'aviazione si evolve e in futuro potrebbero verificarsi altre perturbazioni (Ion, 2011).

Per privatizzazione si intende la vendita o il trasferimento di imprese statali o di un servizio pubblico al settore privato. La liberalizzazione delle compagnie aeree nel mondo ha portato una diversa prospettiva e concorrenza nel settore aeroportuale e nel business (Qolakoglu, 2015). La prima pratica di privatizzazione di un aeroporto è iniziata in Inghilterra nel 1986 e nei 20 anni successivi il numero di aeroporti privatizzati ha superato il centinaio e i principali aeroporti europei sono stati privatizzati. Si prevede che il crescente interesse del settore privato sia dovuto all'aumento significativo delle entrate diverse dalle attività di trasporto aereo (Saldiraner, 2015).

Gli aeroporti sono passati dalle attività del settore pubblico alle imprese commerciali e infine alla privatizzazione (Akpinar, 2011). Sebbene esistano diversi modelli di privatizzazione, viene utilizzato il modello Build-Operate-Transfer (BOT), ampiamente diffuso in Turchia. Con la legge numero 3.000.996 pubblicata in Turchia nel 1994, è stata avviata la privatizzazione degli aeroporti e la Direzione Generale dell'Autorità Aeroportuale di Stato (DHMI), che gestisce gli aeroporti per conto del pubblico, ha iniziato la privatizzazione con i terminal dell'aeroporto di Antalya nel 1996. TAV, fondata nel 1997 con la joint venture dei gruppi Tepe e Akfen nel nostro Paese, ha colto questa opportunità e ha dimostrato un grande successo imprenditoriale. TAV è diventata una delle aziende leader a livello mondiale nella costruzione e gestione di aeroporti (Qolakoglu, 2015).

L'ambiente liberalizzato e liberalizzante dell'aviazione e l'emergere dei vettori low cost (LCC) come motori di crescita hanno spinto molti aeroporti a riesaminare i loro modelli di business tradizionali e a concentrarsi su nuove attività commerciali per raggiungere l'autosufficienza e l'indipendenza finanziaria. Gli aeroporti sono attività ad alta intensità di risorse che richiedono molti anni per recuperare i significativi investimenti di capitale in piste e terminali. Di conseguenza, gli aeroporti devono avere una visione a lungo termine delle loro operazioni e garantire che i miglioramenti della capacità vengano effettuati prima che si verifichino restrizioni. A loro volta, gli aeroporti fissano tariffe competitive, offrono incentivi e sconti, investono in miglioramenti della qualità e forniscono un accesso di superficie migliorato per ampliare i bacini di utenza (Airports Council Airports, 2018).

Quasi tutti gli aeroporti turchi sono di proprietà della Direzione Generale del DHMI, che opera come istituzione pubblica del Ministero dei Trasporti e delle Infrastrutture. Mentre il DHMI gestisce alcuni di questi aeroporti in proprio, altri sono gestiti trasferendo i diritti operativi a società private nell'ambito del metodo Build-Operate-Transfer. Con questo movimento di privatizzazione, il servizio pubblico viene fornito senza utilizzare le risorse del bilancio statale per gli investimenti aeroportuali, che richiedono grandi capitali, e allo stesso tempo vengono utilizzate le opportunità tecnologiche infrastrutturali del settore privato e la sua esperienza nella gestione (Guner & Gulay, 2018). I prestiti a lungo termine sono molto importanti per le privatizzazioni aeroportuali nel modello build-operate-transfer, dove vale la logica del project finance. Gli investitori devono avere fiducia e fornire credito sia al progetto che all'azienda. La struttura finanziaria e la credibilità delle imprese sono estremamente importanti perché la costruzione degli aeroporti comporta costi elevati, mentre i ricavi si ottengono a lungo termine con la gestione dell'aeroporto e possono trasformarsi in profitti. Il prerequisito per accedere alle gare d'appalto per la gestione degli aeroporti, la condizione principale per mantenere la propria presenza e crescere nel settore, è trovare investitori finanziari in grado di effettuare investimenti a lungo termine e di essere finanziariamente forti (Akpinar, 2011).

Essere in grado di definire il concetto di aeroporto e conoscere gli elementi airside e landside che compongono l'ambito dell'aeroporto. compresi un edificio, un impianto e un'attrezzatura)". Negli aeroporti, l'air side è la parte in cui si svolgono le manovre e le operazioni degli aeromobili. Questa parte è costituita dall'area PAT e dalla torre di controllo del traffico aereo e dalle strade di servizio utilizzate dagli operatori di assistenza a terra, dalle società di catering, dalle società di carburante e dai veicoli di servizio dei vigili del fuoco. Nella parte terrestre si trovano l'area del terminal, i parcheggi, le strade di accesso all'aeroporto e le aree di scarico dei passeggeri e dei bagagli di fronte al terminal. È l'area situata sul lato terrestre dell'aeroporto dove si trovano l'edificio del terminal, l'edificio cargo, i gate, le aree di parcheggio, gli hotel dell'aeroporto, i ristoranti, i garage e i servizi per i veicoli (Kucuk Yilmaz & Işik, 2016).

È importante aumentare la larghezza delle piste, definite come aree di movimento degli aeromobili negli aeroporti, in base allo sviluppo delle tecnologie, per espandere le aree come il piazzale, la pista di emergenza, la pista parallela e le vie di rullaggio parallele, e di conseguenza per garantire che queste aree siano utilizzate in modo più efficace ed efficiente. In tutte le condizioni di visibilità avverse, comprese quelle di visibilità zero, per consentire agli aeromobili di effettuare in sicurezza il traffico di atterraggio e decollo e i movimenti a terra delle aree PAT, le categorie aeroportuali vengono innalzate e a tal fine vengono installati ausili visivi in conformità agli standard stabiliti dall'Organizzazione Internazionale dell'Aviazione Civile (ICAO). Dovrebbe essere pianificato per essere dotato di sistemi al massimo livello di facilità d'uso ed efficienza (DHMi, 2020).

Uno dei cambiamenti più importanti che si verificheranno nel settore aeroportuale sarà la graduale transizione verso la privatizzazione, iniziando con varie forme di partenariato pubblico-privato fino a raggiungere la fase finale della completa privatizzazione. Nonostante la privatizzazione di un numero significativo di aeroporti, la partecipazione del settore privato all'industria aeroportuale rimane bassa rispetto alle compagnie aeree. Nonostante la popolarità degli aeroporti e anche le opportunità di investimento e di business, vi è una certa incertezza sull'espansione, sui diritti ambientali, politici e sociali e sulla soppressione dei sistemi fiscali e delle esenzioni fiscali nell'Unione Europea (Ion, 2011). La privatizzazione degli aeroporti può apportare benefici in molti settori, come la riduzione dell'onere pubblico sugli investimenti e l'aumento dell'efficienza operativa (Ozenen, 2003).

Nel nostro Paese, abbiamo un'autorità nazionale forte ed efficace nelle regolamentazioni settoriali e nella supervisione. Gli sviluppi sono seguiti sia dalle nostre autorità che dalle organizzazioni aeroportuali. L'applicazione efficace e di successo degli sviluppi attuali alla gestione aeroportuale è possibile con una risorsa umana flessibile e aperta in un settore dinamico. Con lo sviluppo di sistemi di gestione della qualità, dei rischi e delle informazioni, l'efficienza della gestione aeroportuale aumenta di giorno in giorno.

La creazione e l'aumento del valore saranno sostenuti consentendo al management di combattere efficacemente le incertezze con una prospettiva basata sulla gestione del rischio nelle operazioni aeroportuali. Considerando pienamente i rischi delle decisioni di investimento nell'ambito degli aeroporti, si cerca di minimizzare gli effetti negativi dei rischi per il raggiungimento degli obiettivi delle istituzioni e di massimizzare gli effetti positivi, cioè le opportunità. Tutte le organizzazioni devono decidere come raggiungere al meglio i propri obiettivi. Per guidare le decisioni di investimento, le organizzazioni utilizzano tecniche di valutazione incentrate sulle opzioni e cercano quelle che massimizzano i benefici netti. Ogni decisione di investimento importante presa da un aeroporto dovrebbe essere supportata da analisi che mostrino i costi e i benefici che ne derivano, dagli investitori nelle infrastrutture ai fornitori, agli utenti e, se del caso, alla comunità in generale (ICAO, 2013).

Aeroporti e rischi legati agli aeroporti per la catena di approvvigionamento

Nelle catene di fornitura globali, gli aeroporti e i rischi legati agli aeroporti hanno un ruolo centrale nel determinare le attività della catena di fornitura e i loro risultati. Gli aeroporti sono centri critici per il trasporto delle merci. Gli aeroporti facilitano il commercio internazionale nell'economia odierna.

L'aviazione, in quanto sistema continuo formato dalle relazioni reciproche di tutti i suoi ambienti, è un ecosistema composto da sottosistemi interconnessi. Anche gli aeroporti sono una delle parti essenziali di questo ecosistema. Nell'attuale processo pandemico, le entrate e le attività operative degli aeroporti sono state interrotte. Si prevede che gli operatori aeroportuali abbiano bisogno di pratiche di gestione del rischio basate sul valore, ovvero di una risposta coordinata e strategica, per gestire questi rischi imprevisti e recuperare in tempi economicamente ottimali.

Nell'ambito della sostenibilità nazionale, il settore dell'aviazione ha una posizione diversa in termini di creazione di varie aree di servizio e di integrità di altri sistemi di trasporto (K. Yilmaz & Kupuk, 2016). Gli aeroporti sono esistiti come fonte di sviluppo e crescita economica e continueranno a farlo in futuro. Qualsiasi errore o tentativo di errore in questo settore è fonte di rischio in molte aree, in particolare per la sicurezza, la protezione, la qualità, l'ambiente, l'efficienza e la salute pubblica. Pertanto, l'esistenza di sistemi di gestione che includano la gestione del rischio aziendale è importante anche per le operazioni aeroportuali. Il settore dell'aviazione è diventato uno dei principali mezzi di trasporto perché è veloce, affidabile, sicuro e allo stesso tempo economico. Per questo motivo, a questo settore viene attribuita un'importanza particolare per lo sviluppo economico e sociale del nostro Paese e per la sua integrazione con il mondo (Kupuk Yilmaz, 2016). Il mondo degli affari di oggi è sottoposto a forti pressioni a causa dello sviluppo dei mercati internazionali e della globalizzazione, delle crescenti aspettative di efficienza e riduzione dei costi, delle severe normative legali, dei rapidi sviluppi tecnologici e delle crescenti condizioni di concorrenza. Oggi le responsabilità di un gestore aeroportuale non si limitano a queste attività tecniche infrastrutturali. A seguito dei movimenti di liberalizzazione e commercializzazione, gli aeroporti sono diventati imprese complesse che forniscono tutti i tipi di servizi nel processo che va dal parcheggio all'imbarco dei passeggeri, al fine di fornire un servizio di massima qualità agli utenti (Giner & Gulay, 2018).

Gli aeroporti sono probabilmente l'elemento più complesso del sistema di trasporto aereo, poiché combinano molte strutture e processi diversi, molti dei quali forniti da organizzazioni diverse. La misurazione delle prestazioni aeroportuali è fondamentale per mantenere gli aeroporti efficienti, ma può essere un compito scoraggiante. La privatizzazione è legata alla regolamentazione economica e all'aumento della concorrenza, alle prestazioni degli aeroporti e alla gestione della capacità limitata delle piste, ma ci sono ancora grandi incertezze riguardo al meccanismo ottimale di assegnazione degli slot. Gli aeroporti possono migliorare le loro prestazioni future concentrandosi più chiaramente su esigenze specifiche (Graham, 2017).

I vincoli di bilancio, l'evoluzione negativa del fabbisogno di prestiti pubblici e l'inadeguatezza delle risorse pubbliche hanno portato a nuove ricerche nel finanziamento degli investimenti infrastrutturali; come soluzione sono emersi i modelli BOT (Build-Operate-Transfer) e altri simili modelli di cooperazione con il settore pubblico. Il rapido sviluppo del trasporto aereo ha creato la necessità di investire negli aeroporti in Turchia. A tal fine, è necessario reperire fondi e realizzare gli investimenti in tempi molto brevi. Pertanto, il BOT è emerso come modello preferito di project financing negli aeroporti per accelerare gli investimenti, aumentare la qualità del servizio e quindi incrementare lo stock di investimenti pubblici.

I cambiamenti e gli sviluppi del trasporto aereo, come la liberalizzazione, la privatizzazione, la commercializzazione e le strutture di concorrenza in tutto il mondo, influenzano anche gli aeroporti in quanto parte del sistema di trasporto aereo (Doganis, 1992). Il trasporto aereo e le operazioni aeroportuali, in quanto elementi di base di questo sistema, svolgono un ruolo fondamentale nello sviluppo economico del nostro Paese e nella sua sostenibilità. Negli ultimi anni le operazioni aeroportuali in Turchia hanno subito un rapido e notevole sviluppo. L'incertezza e i rischi aumentano man mano che questi cambiamenti e sviluppi influenzano il sistema. Il successo delle organizzazioni dipende in larga misura dalla loro capacità di identificare, prevenire, mitigare e gestire i rischi. L'Enterprise Risk Management è l'elemento fondamentale del sistema di gestione delle operazioni aeroportuali, in quanto processo strategico che fornisce una ragionevole garanzia nel raggiungimento degli obiettivi aziendali gestendo tutti i rischi in modo sostenibile e basato sul valore.

Parte III Riferimenti

Abeyratne, R. (2012). *Questioni strategiche nel trasporto aereo: Legal, Economic and Technical Aspects, ISBN 978-3-642-21959-7 e-ISBN 978-3-642-219603, DOI 10.1007/978-3-642-21960-3.* Berlino: Springer_Verlag Berlin Heidelberg.

Consiglio degli aeroporti Aeroporti. (2018). *Il manuale delle politiche ACI, nona edizione.* aci.aero: https://aci.aero/Media/2259c3f4-8016-442f-8c7a-8138ebb1eb0c/JWWLuQ/About%20ACI/Policies%20and%20Practices/2018/ACI_Policy_Handbook_Jan_2018_FINAL.pdf adresinden al ind i

Akpinar, A. T. (2011). Havalimani i§letmeciliginde Stratejik Yonetim Ba§arisi: T.A.V. *Kocaeli Universitesi Sosyal Bilimler Enstitusu Dergisi (21) 2011 / 1 :150-161*, 150-161.

Aydogan, S. (2016). Havalimani i§letmeciligi ve havalimani hizmet kalitesinin olcumu. *Ya§ar Universite Sosyal Bilimler Enstitusu I§letme Yonetimi Anabilim DalisiDoktora Tezi*. Ya§ar Universitesi Yayinlanmami§ Doktora Tezi.

Byers, D. A. (2014, 6 26). AVF 8700 - Finanza aeroportuale 101. *Introduzione all'economia aeroportuale*. www.avmoodle.net.

Qolakoglu, F. K. (2015). GiRi$iMCiLiKTE TAV ORNEGi. *The Journal of Academic Social Science Studies*, 505-513.

DHMi. (2011). *Havacilik Terimleri Sozlugu.*

file:///C:/Users/user/Downloads/DHMi-Havacilik-Terimleri-Sozlugu.pdf adresinden alindi

DHMi. (2018). *HAVALIMANLARI I$LETME HIZMETLERI Yonergesi.* DEVLET HAVA MEYDANLARI iQLETMESiGENEL MUDURLUGU: file:///C:/Users/user/Downloads/Y01%20%C4%B0%C5%9Fletme%20Hi zmetleri%20Y%C3%B6nergesi.pdf adresinden alindi

DHMi. (2019). *DHMI 2019 Faaliyet Raporu.* Ankara: Devlet Hava Meydanlari i§letmesi Genel Mudurlugu.

DHMi. (2020). *Programma Performans 2020.* dhmi.gov.tr: https://www.dhmi.gov.tr/Lists/DosyaYonetimiList/Attachments/766/DHM %C4%B0%2020%20Performans%20Prrogramma%C4%B1%2017.02.2 020.pdf adresinden alindi

DHMi. (2020, 31 maggio). *DHMi Hakkimizda.* https://www.dhmi.gov.tr/Sayfalar/hakkimizda.aspx: https://www.dhmi.gov.tr/Sayfalar/hakkimizda.aspx indirizzi alindi

Doganis, R. (1992). *Business aeroportuale.* Londra, Turchia: Routledge.

Freathy, P. (2004). La commercializzazione degli aeroporti europei: strategie di successo in un decennio di turbolenze? *Journal of Air Transport Management* https://doi.org/10.1016/j.jairtraman.2003.10.014, 191-197.

Graham, A. (2017). Gestione e performance degli aeroporti. L. B. Editors ipinde, *Air Transport Management An international perspective* (s. 84). New York, NY: Routledge.

Guner, S., & Gulay, i. (2018). HAVALiMANI i§LETMECiLiGi VE TURKiYE'DE HAVALiMANLARININ MULKiYET YAPISI. *DOI: 10.7816/ulakbilge-06- 29-02 ulakbilge, 2018, Cilt 6, Sayi 29, Volume 6, Numero 29,* 1327-1348.

ICAO. (2013). *Doc 9562 Manuale di economia aeroportuale.* Montreal, Quebec, Canada ISBN 978-92-9249-192-5: ORGANIZZAZIONE INTERNAZIONALE DELL'AVIAZIONE CIVILE.

Rassegna degli aeroporti internazionali. (2020, 23 aprile). *NEWS ACI World pubblica il rapporto annuale sull'economia aeroportuale per il 2018.* International Airport Review: https://www.internationalairportreview.com/news/115863/aci-annual- airport-economics-report-2018/ adresinden alindi

Ion, D. -C. (2011). IMPATTO DELLA GLOBALIZZAZIONE SULL'INDUSTRIA AEROPORTUALE. *CONFERENZA INTERNAZIONALE DI CARTA SCIENTIFICA* (s. 66-71). Brasov: AFASES 2011.

K. Yilmaz, A., & Kupuk, F. (2016). (itibar ve Kurumsal Surdurulebilirlik Yonetimi: Havalimanlarinda Uygulamalarin Ara§tirilmasi). Editore: Ay§e KUQUK YILMAZ ipinde, *Hava Ta§imaciligi* (s. 177). Eski§ehir: Anadolu Universitesi.

K. Yilmaz, A., & Kupiik, F. (2016). itibar ve Kurumsal Surdurulebilirlik Yonetimi: Havalimanlarinda Uygulamalarin Ara§tirilmasi). E. A. YILMAZ ipinde, *Hava*

Taşimaciligi (s. 177). Eski§ehir: Anadolu Universitesi.

Kasarda, J. (2020, giugno 05). *Aerotropoli calamita le imprese.* www.aerotropolis.com : http://aerotropolis.com/airportcity/wp-content/uploads/2020/04/Aerotropolis_Magnets-1.pdf adresinden alindi

Kasarda, J. D. (2 0 1 5 , 6 - 1 2 febbraio). Gli aeroporti decollano come centri economici. *C H I N A D A I L Y A F R I C A W E E K L Y*, s. 10.

Kupuk Yilmaz, A. (2016). Struttura del trasporto aereo. In E. K. YILMAZ, Air Transportation, Department Name:(Structure of Air Transport) (2016)., Anadolu University, Published:2, Page Number 196, ISBN:978-975-06- 1967-0, Turkish (Textbook) (p. 34). Eskisehir: Università Anadolu.

KUQUK YILMAZ, A. (2017). Modellazione della rete di voli incrociati dell'aeroporto di Eski§ehir Hasan Polatkan nell'ambito dell'ottimizzazione della domanda su scala globale e nazionale: Eski§ehir e la necessità di risorse II. Equation, Progetto n. 1608F604 Progetto di ricerca scientifica sostenuto dalle istituzioni di istruzione superiore. Eski§ehir: Eski§ehir Hasan Polatkan Airport Cross-Flight Network Modeling in the Scope of Global and National Scale Demand Optimization: Eski§ehir e necessità di risorse II. Equazione, Progetto n. 1608F604 Progetto BAP dell'Università di Anadolu per l'istruzione superiore.

Kuguk Yilmaz, A., & I§ik, Y. (2016). Elementi di trasporto aereo. In E. A. Yilmaz, Trasporto aereo (p. 84). Eskisehir: Anadolu University.

Morrell, P. (2011). *Moving Boxes by Air L'economia del trasporto aereo internazionale.* Inghilterra: Ashgate.

Neufville, R. d. (2017). Pianificazione e progettazione dei sistemi aeroportuali Capitolo 4. L. Budd, & S. Ison iqinde, *Air Transport Management_ An international perspective* (s. 395). New York, NY: Routledge.

Ozenen, C. G. (2003). Privatizzazione negli investimenti aeroportuali, applicazioni nel mondo e suggerimenti per la Turchia. DPT - TESI DI SPECIALIZZAZIONE.

Saldiraner, Y. (2015, 05 gennaio). Privatizzazione degli aeroporti. Notizie sull'aviazione: Recuperato da https://www.bagimsizhavacilar.com/havalimanlari- ozellestirletme/

Direzione generale dell'aviazione civile. (2019). Rapporto annuale 2019. Ankara: DGCA.

T.R. Ministero dei Trasporti e delle Infrastrutture. (2018). RAGGIUNGERE E RAGGIUNGERE LA TURCHIA 2018 TECNOLOGIE DELL'AVIAZIONE E DELLO SPAZIO . Ankara: T.C. Ministero dei Trasporti e delle Infrastrutture.

Transportation Research Board, T. (2010). *RAPPORTO ACRP 19 Sviluppo di un sistema di misurazione delle prestazioni aeroportuali.* Washington: Accademia nazionale delle scienze.

TUBITAK. (2003, 07). Progetto di previsione tecnologica VISION 2023 Gruppo di esperti in trasporti e turismo. TUBiTAK: recuperato da https://www.tubitak.gov.tr/tubitak_content_files/vizyon2023/ut/utp_son_s

urum.pdf

TUBITAK. (2007, 05 14). Relazione finale del gruppo di esperti sui trasporti e il turismo. ISTITUZIONE DI RICERCA SCIENTIFICA E TECNOLOGICA DELLA TURCHIA: Recuperato da http://vizyon2023.tubitak.gov.tr

Organizzazione internazionale dell'aviazione civile (ICAO). (2018). Le caratteristiche e le variabili per la pianificazione e la gestione degli aeroporti. The ICAO Scientific Review, p. Vol. 1. 5-9.Ulgen, S., Han, A., Ozbek, M., & Lokmanoglu, A. D. (2016). *istanbul Yeni Havalimani Ekonomik Etki Analizi.* Ekonomi ve Di§ Politika Ara§tirma Merkezi istanbul Ekonomi Dani§manlik.

Vogel, H.-A. (2019). *Finanziare la crescita.* Amsterdam: Elsevier.

Yilmaz, A. K. (2007). La gestione del rischio aziendale negli aeroporti: Proposta di modello di gestione del rischio aziendale per la Ataturk Airport Terminals Operations / Enterprise risk management in the airports: The model suggestion for the Ataturk Airports Terminal operations company. Tesi di dottorato.

Eski§ehir, Turchia: Anadolu University Institute of Social Sciences Aviation Management USA.

Yilmaz, A. K. (2008). *Modello di gestione del rischio dell'impresa aeroportuale - Uno studio sulla gestione aziendale e sulla gestione delle compagnie aeree.* VDM Verlag Dr. Mueller e.K.

PARTE IV

GESTIONE LEAN DEL RISCHIO AEROPORTUALE E COSTRUZIONE DI CAPACITÀ

È molto difficile condurre studi che indaghino gli effetti sulla sicurezza di aree quali l'ergonomia, la leadership, la cultura organizzativa e la struttura organizzativa nel settore dell'aviazione, poiché si tratta di fonti di rischio intangibili e difficili da quantificare, oltre che di fattori cognitivi, organizzativi e culturali. Tuttavia, è molto importante condurre ricerche di comprovata validità accademica, soprattutto per la sicurezza del volo, e valutare e implementare i risultati da parte delle autorità e delle imprese in termini di miglioramento del livello di sicurezza del sistema dell'aviazione civile. In questo modo si determineranno standard elevati, si rivelerà scientificamente la relazione tra questi standard e i costi e le imprese potranno raggiungere un livello di sicurezza vicino sia strutturalmente che culturalmente.

Soprattutto la leadership e gli elementi culturali hanno una posizione vitale nell'aviazione, in quanto hanno il potere di dirigere gli sforzi nella gestione della sicurezza. Il fatto che le distanze di potere del management e della leadership dell'aviazione siano elevate può influenzare la prospettiva di sicurezza di tutti i dipendenti su base individuale e causare il deterioramento della cultura aziendale. Sebbene l'alta dirigenza sia impegnata a garantire elevati standard di sicurezza, i singoli hanno difficoltà a esprimere il proprio pensiero sulle questioni di sicurezza a causa della distanza di potere e di motivi gerarchici, e la cultura del reporting può risentirne. A questo punto, il posto e il ruolo dei risk leader sono decisivi. I risk leader sono necessari per gestire i rischi nell'aviazione in una cultura ibrida e in condizioni di rischio ibridate.

Anche se la relazione tra lean management e rischio non è chiaramente definita, è possibile ritenere che le due cose esistano naturalmente o siano correlate tra loro. Perché il rischio esiste in ogni aspetto della vita, con risultati positivi o negativi. In precedenza, il concetto di lean management è stato discusso in dettaglio, ora è necessario comprendere il concetto di rischio per capire meglio la sua relazione con il rischio. "Il rischio è la combinazione della probabilità e dell'esito di un evento. I risultati possono essere positivi o negativi". (IRM, 2002). Secondo un'altra definizione, il rischio è definito come "un evento in grado di influenzare (ostacolando, rafforzando o causando sospetti) la realizzazione della missione, della strategia, dei progetti, delle operazioni di routine, degli obiettivi, dei processi fondamentali, delle dipendenze chiave e/o delle aspettative degli stakeholder" (Hopkin, 2010). . La gestione del rischio, invece, significa "attività coordinate per dirigere e controllare un'organizzazione in relazione al rischio" (ISO, 2009). In altre parole, può essere definita come "il metodo sistematico per identificare, valutare, ridurre, monitorare o controllare gli eventi non pianificati che possono influenzare un progetto" (Seddigh & Alimohamadi, 2009). Per il successo della gestione del rischio, non è importante solo il processo in sé, ma anche la cultura e il contesto aziendale. Analogamente ad altri sforzi volti al miglioramento continuo di processi e prodotti, la gestione del rischio dipende dai seguenti fattori (Oehmen & Rebentisch, 2010):

1. Una comprensione chiara e condivisa della rilevanza e degli obiettivi della gestione del rischio: Se tutte le parti interessate, dall'alta dirigenza agli altri dipendenti, accettano la rilevanza del processo di gestione del rischio e concordano su una serie di obiettivi corrispondenti, il processo viene condotto con la dovuta diligenza e qualità.

2. Corrispondenza tra aspettative, responsabilità e impatto: La gestione del rischio può avere successo solo se le aspettative o gli obiettivi del processo corrispondono alle responsabilità delle persone coinvolte e alla loro capacità di intraprendere le azioni pertinenti. Ciò significa anche prendere sul serio i rischi identificati e le misure di rimedio proposte e monitorarne l'attuazione.

3. Identificare team di processo transfrontalieri e inter-gerarchici: Per affrontare una serie di rischi chiave riscontrati nelle interfacce aziendali, sia tra lo sviluppo del prodotto e altre funzioni all'interno dell'azienda o delle organizzazioni partner, sia tra i livelli gerarchici, i team che conducono i workshop di gestione del rischio dovrebbero rappresentare tutte le organizzazioni interessate,

4. Adeguata allocazione delle risorse: La gestione del rischio non ha bisogno solo di risorse sotto forma di programmi o possibilità di finanziamento, ma soprattutto di risorse per gestire correttamente il processo di gestione del rischio stesso. Ciò include la considerazione delle informazioni sulla gestione del rischio nelle decisioni relative al personale, l'assegnazione ai membri del team di tempo sufficiente per partecipare ai workshop sulla gestione del rischio e lo stanziamento di fondi per condurre analisi dettagliate o contratti, se necessario.

Il Lean Management e le Strategie Lean possono essere applicate anche ai processi di gestione del rischio all'interno di un'organizzazione o di un'azienda. In questi casi, si va nella direzione di ridurre o eliminare le attività non a valore aggiunto dei processi (Seddigh & Alimohamadi, 2009). Ma questo sarà possibile solo se l'intera catena di fornitura diventerà snella. Pertanto, la partecipazione di tutti al processo di trasformazione è un fattore chiave di successo nella pratica lean (Womack & Jones, 1998). È possibile utilizzare il pensiero snello per superare le diverse barriere che ostacolano il flusso di valore nel nostro processo di gestione del rischio. Perché, quando il processo di gestione del rischio è visto come un semplice pensatore, si capisce che l'obiettivo è quello di creare valore per gli stakeholder. Una volta che le aziende hanno acquisito la conoscenza e la capacità di distinguere tra valore e spreco, sono pronte a mappare il flusso di valore per eliminare le attività senza valore aggiunto al di fuori della categoria di attività note come sprechi essenziali (Seddigh & Alimohamadi, 2009). La tecnica di mappatura del flusso di valore ha anche il potenziale per essere adattata non solo per identificare le attività a non valore aggiunto e gli sprechi, ma anche per evidenziare le opportunità in cui sia il valore aggiunto che la sicurezza possano essere migliorati simultaneamente. Può anche indicare le attività soggette a errori umani e sensibilizzare i lavoratori sui punti in cui le attività di rimozione degli scarti possono avere un impatto negativo sulla sicurezza (Ward & Brito, 2007). Essere lean si riferisce a un obiettivo comune nell'idea di contrastare ogni tipo di spreco nell'azienda e nei processi correlati. La sfida nell'implementazione delle linee guida Lean consiste, nella maggior parte dei casi, nel non compromettere la sicurezza. Con un basso livello di sicurezza, si creano situazioni più vulnerabili alla creazione di sprechi in termini di salute umana, tempo ed energia e sprechi finanziari. Per questo motivo, le attività legate alla sicurezza non possono essere considerate come attività a non valore aggiunto, in contrapposizione agli obiettivi lean come essere più veloci, più economici e migliori (Seddigh & Alimohamadi, 2009). Dato che la sicurezza è una componente chiave del valore del cliente, si può affermare che l'uso della Mappatura del flusso di valore si applica sia alle operazioni di manutenzione delle compagnie aeree sia a quelle dell'aviazione (Ward & Brito, 2007). Poiché l'industria aeronautica è un'industria di servizi, può essere generalizzata con altri processi o risultati dell'industria dei servizi. A tal punto che esistono due linee di conclusione sui processi di servizio lean. La prima è che l'applicazione del lean ai processi di servizio dovrebbe includere l'allineamento ottimale delle postazioni di lavoro per eliminare gli sprechi, bilanciare e saturare le postazioni di lavoro. In questo modo, si raggiungono la massima efficienza, i migliori costi e i limiti di tempo previsti dai principi lean. Un secondo fattore è la naturale variabilità dei processi di servizio. È necessario adottare misure analitiche relative al processo della linea di servizio per prevedere e valutare gli impatti risultanti, e su questa base si possono adottare misure di compensazione per adattarsi alle variazioni (Arbos, 2002). Questa prospettiva dovrebbe essere applicata al processo di gestione del rischio. Perché, soprattutto nel settore dell'aviazione, l'obiettivo è quello di servire i clienti al miglior livello. In questa direzione, si può perseguire l'obiettivo di aumentare la probabilità e le conseguenze degli eventi desiderati, riducendo contemporaneamente la probabilità e le conseguenze degli eventi indesiderati (Seddigh & Alimohamadi, 2009).

Quando la gestione o il pensiero snello si integrano con la gestione del rischio, si crea un ambiente migliore per l'efficienza, la sicurezza e l'incolumità delle organizzazioni o delle aziende che lo fanno. Se tutte le persone che lavorano nelle aziende accettano queste due condizioni, l'azienda può raggiungere una posizione in costante miglioramento (Seddigh & Alimohamadi, 2009). Una migliore integrazione di queste condizioni può essere realizzata utilizzando strumenti lean, ottenendo così un processo di gestione del rischio snello. Ad esempio, il concetto di kaizen si riferisce a molte attività che contribuiscono al miglioramento continuo e appartengono alle operazioni di riduzione del rischio. In altre parole, riducono la possibilità di interruzione del flusso di merci o informazioni, le perdite dovute a transazioni inutili, senza valore aggiunto e problemi di qualità. Funzioni simili possono essere ottenute con i seguenti strumenti: Kanban o sistema "pull", 5s (classificare, ordinare, cancellare, standardizzare, riprendere), flusso di pezzi singoli, sincronizzazione macchina/officina: controllo totale delle mansioni, linee a U, rotazione delle mansioni e descrizioni delle mansioni, poka-yoke o autonomia, cambio stampo in pochi minuti, cerchi di qualità, manutenzione produttiva totale, judoka, andon, 7w, diagramma di ishikawa (Konecka, 2010). Grazie a questi strumenti lean, è possibile eliminare le incertezze, rivelando così elementi di valore per l'azienda. Indirettamente, si va nella direzione di ridurre i rischi. L'industria aeronautica presenta spesso rischi estremamente elevati per le aziende. La gestione del rischio diventa un'abilità critica in queste situazioni. Molte grandi aziende aeronautiche attuano una forma di identificazione e gestione dei rischi nei loro principali programmi di sviluppo. Le procedure specifiche variano da azienda ad azienda, ma i concetti di base sono simili (Bresnahan, 2006). L'obiettivo delle compagnie aeronautiche è creare profitto consegnando i prodotti richiesti dai clienti al momento giusto e al prezzo giusto. Pertanto, lo sviluppo del prodotto comprende gli elementi di valore, "prestazioni, costi, tempi e rischi" (Chase, 2001). Ha anche il potenziale di aumentare la sicurezza dei voli riducendo al minimo la possibilità di errore umano, ad esempio nella tecnica 5S, grazie agli strumenti lean. L'implementazione delle 5S in un'organizzazione di manutenzione aeronautica può garantire che gli strumenti, le attrezzature e la documentazione appropriati siano sempre disponibili sulla postazione di lavoro. Inoltre, eliminando gli elementi non necessari, si riduce la probabilità di errore. Può anche migliorare la comunicazione e i cicli di turni o di lavoro. In questo modo, i dipendenti possono vedere facilmente dove dovrebbero essere tutti gli oggetti e identificare rapidamente se manca qualcosa (Ward & Brito, 2007).

Sviluppo di capacità per migliorare la resilienza degli aeroporti

Lo sviluppo delle capacità nel settore dell'aviazione si riferisce all'adattamento di un'organizzazione aeronautica o di un aviatore alle informazioni e alle tecnologie globali in modo da aumentare la sicurezza e la protezione negli ambienti commerciali, lavorativi e operativi di un settore in continua evoluzione e cambiamento. Questo processo comprende gli sforzi delle organizzazioni aeronautiche e dei singoli aviatori per mantenere aggiornate le conoscenze e le competenze attuali, per apprendere e applicare nuove conoscenze e tecnologie e per sviluppare capacità e competenze.

Lo sviluppo delle capacità può avvenire in molti ambiti diversi dell'industria aeronautica: in aeroporto, in diversi reparti della compagnia aerea, a diversi livelli organizzativi, nella formazione aeronautica. Se da un lato questo aumenterà le prestazioni aziendali supportando l'ottimizzazione operativa e manageriale, dall'altro aumenterà le prestazioni individuali e ridurrà gli errori e le violazioni.

Gli individui possono anche sviluppare le proprie capacità. Ciò include l'apprendimento continuo e l'auto-miglioramento. Le capacità possono essere aumentate attraverso metodi quali l'acquisizione di nuove conoscenze, l'apprendimento di nuove competenze, la formazione all'uso delle tecnologie o lo sviluppo di se stessi attraverso le esperienze.

Lo sviluppo delle capacità è importante per il settore dell'aviazione, in rapida evoluzione, e in particolare per le attività e le operazioni delle città aeroportuali, per diventare resistenti all'ambiente di rischio ibrido e per competere con gli altri aeroporti, nonché per cogliere nuove opportunità, gestire le minacce ibride e gestire i rischi senza interruzioni. Questo sforzo continuo di miglioramento e adattamento consente a individui e organizzazioni di essere resistenti a situazioni e crisi estreme e all'ambiente di rischio ibrido, aiutandoli a raggiungere un successo sostenibile generando valore aggiunto.

Il rafforzamento delle capacità è l'obiettivo di molti programmi di sviluppo e una componente di molti altri. Tuttavia, dare una definizione chiara e soddisfacente è un concetto troppo difficile e troppo ampio per essere utile. Nella maggior parte dei casi, si tratta di un concetto che significa poco più che istruzione. Il documento stabilisce una gerarchia a quattro livelli per le esigenze di sviluppo delle capacità:

1) Strutture, sistemi e ruoli,
2) Personale e strutture,
3) Competenze e
4) Strumenti

Il termine "capacity building" è stato utilizzato nel sistema delle Nazioni Unite (ONU) a partire dai primi anni '90. A tutte le agenzie specializzate dell'ONU è stato chiesto di sostenere attivamente il capacity building nei settori in cui sono tecnicamente qualificate. A tutte le agenzie specializzate delle Nazioni Unite è stato chiesto di sostenere attivamente lo sviluppo delle capacità nelle aree in cui sono tecnicamente qualificate. Il Programma di Sviluppo delle Nazioni Unite (UNDP) definisce il termine capacity building come la creazione di un ambiente favorevole attraverso accordi politici e legali appropriati, come lo sviluppo istituzionale, compresa la partecipazione della comunità, lo sviluppo delle risorse umane e il rafforzamento dei sistemi di gestione. (ICAO Global Aviation Training).

L'enfasi sul rafforzamento delle capacità sistemiche migliorerà la diagnosi delle lacune settoriali in luoghi specifici, migliorerà la gestione dei progetti, la progettazione e il monitoraggio dei programmi e porterà a un uso più efficiente delle risorse.

I progetti di sviluppo di diverso tipo mirano principalmente a ridurre le carenze e a migliorare i mezzi di sussistenza della società. Una delle strategie comunemente utilizzate è quella di concentrarsi sulle organizzazioni per migliorare il loro standard di vita e cercare di creare nuove organizzazioni per migliorare le loro capacità esistenti o lavorare su un progetto comune. Il capitale sociale e quello umano sono i due componenti chiave di queste organizzazioni e possono essere cruciali per il successo delle azioni che svolgono. Entrambi possono essere considerati parte della capacità sociale dell'organizzazione locale. I progetti di sviluppo possono essere sviluppati attraverso il capacity building. Questo termine si riferisce a molto di più delle attività di formazione, in quanto include non solo lo sviluppo delle risorse umane, ma anche quello organizzativo e delle strutture. I concetti di capacità e capacity building, e di misurazione della capacità in questo contesto, aiutano a creare un quadro di riferimento per valutare la capacità sociale creata dagli interventi e a pianificare meglio le azioni che i progetti intraprenderanno per avere successo.

Se si considera il concetto di capacity building in altri settori, oltre a quello dell'aviazione, si può notare che questo concetto si concentra principalmente sull'istruzione. Nel prosieguo di questo capitolo verrà discusso il concetto di capacity building in altri settori.

Se si esamina il concetto di sviluppo delle capacità nel settore della sicurezza alimentare, si nota che esso mira a migliorare la sicurezza alimentare lungo tutta la catena del valore della produzione alimentare, con investimenti nelle infrastrutture di sicurezza alimentare e nella formazione dei coltivatori. L'Istituto congiunto per la sicurezza alimentare e la nutrizione applicata (JIFSAN) utilizza un approccio di "formazione dei formatori" per sfruttare al meglio le sue limitate risorse finanziarie. È fondamentale che i partecipanti alla formazione dei formatori acquisiscano informazioni pertinenti e accurate durante la formazione per rafforzare l'efficacia della formazione successiva dei formatori (Narrod, Dou, Chfadi, & Miller, 2021).

In molti degli Obiettivi di Sviluppo Sostenibile (SDGs) delle Nazioni Unite, si chiede di espandere la cooperazione internazionale e il sostegno allo sviluppo delle capacità dei Paesi in via di sviluppo. La capacità è l'abilità di "svolgere funzioni, risolvere problemi e raggiungere obiettivi" (Nazioni Unite, 2022). È un concetto multidimensionale che comprende questioni finanziarie, risorse umane, istituzionali, socio-politiche e tecniche (Lebel & Reed, 2010). La capacità è necessaria per rispondere efficacemente alle attuali sfide dello sviluppo economico, ambientale e sociale globale, compreso il raggiungimento degli SDGs (Nazioni Unite, 2022).

La preparazione si riferisce alla capacità di una comunità o di un'organizzazione di cambiare per raggiungere obiettivi specifici, viene solitamente misurata prima dell'avvio del programma e comprende lo stato attuale del programma, le conoscenze, la leadership, il clima e le risorse. Le comunità e le organizzazioni attualmente alle prese con una quantità massiccia di cambiamenti forzati o con una temporanea mancanza di capacità possono trovarsi nell'impossibilità di intraprendere una programmazione aggiuntiva e preferire una programmazione flessibile, un supporto esterno o opzioni di implementazione a cascata. Pertanto, gli operatori possono prendere in considerazione l'idea di rendere i destinatari pronti per le pratiche di capacity building utilizzando alcuni modelli (Kot, 2015).

Lo sviluppo delle capacità è un processo di apprendimento a più livelli e la formazione è una delle sue componenti. Le università e gli istituti di istruzione superiore hanno un ruolo importante nello sviluppo delle capacità, anche se si concentrano sull'insegnamento piuttosto che sull'educazione. I gruppi interdisciplinari possono interagire in ambienti di apprendimento attivo per migliorare le capacità di problem solving degli studenti (Ferreroa, ve digerleri, 2019).

È importante riflettere sulla relazione tra capacity building e adeguatezza delle capacità. Mentre gli interventi di capacity building possono essere associati a risultati immediati (ad esempio, numero di personale formato, procedure di gestione delle conoscenze create o rinnovate, politiche di gestione delle risorse umane modificate), la misurazione della relazione tra risultati e output rimane difficile (Ferreroa, ve digerleri, 2019). Le procedure di implementazione standard sono un tipo di documento prezioso per la costruzione e il mantenimento delle capacità e dovrebbero essere affisse in luoghi accessibili rivolti al personale in formazione (Ferreroa, ve digerleri, 2019).

Concetto di sviluppo delle capacità: Revisione della letteratura

La capacità può essere sollecitata attraverso i progetti di sviluppo attraverso il capacity building per avere una struttura più solida e adattarsi ai cambiamenti. Il capacity building è quindi inteso non solo come sviluppo delle risorse umane, ma anche come sviluppo organizzativo e istituzionale. Le organizzazioni di supporto possono assistere le organizzazioni locali in diversi ambiti, tra cui lo sviluppo di competenze tecniche, finanziarie, commerciali e politiche, la creazione di capitale sociale e istituzionale, la costruzione di influenza a monte e di capacità di governo, la facilitazione dei finanziamenti, l'aumento dell'equità e della trasparenza e la creazione di connessioni e reti. (ISTITUTO MONDIALE DELLE RISORSE, 2008)

Più di recente, le strategie di sviluppo si sono concentrate sulla crescita degli imprenditori all'interno della comunità, basando le strategie di sviluppo aziendale, come lo sviluppo di collegamenti con mercati più dinamici e redditizi, sulle capacità di base esistenti dei residenti e delle imprese, nonché sul mantenimento dell'equilibrio attraverso la conservazione delle risorse e delle strade. (Programma di politica economica rurale dell'Aspen Institute, 2009)

Esistono due categorie di capacità che le organizzazioni devono sviluppare: le risorse (personale, infrastrutture, tecnologia e risorse finanziarie) e la gestione (leadership strategica, gestione di programmi e processi e networking). (Sastre & Rfos, 2012) Ciascuna di queste categorie ha aspetti operativi e adattabili che devono essere stabiliti e mantenuti, sottolineando il coinvolgimento dei singoli membri nella costruzione di relazioni per la pianificazione e il processo decisionale. La capacità è definita come l'abilità di individui e organizzazioni o unità organizzative di svolgere funzioni in modo efficace, efficiente e sostenibile.

Quando la capacità viene definita come un processo o un risultato, diventa un concetto difficile da comprendere. È anche possibile dare definizioni molto diverse e variegate in base alle varie dimensioni del concetto di capacità, individui, organizzazioni, connessioni o partecipazione. Sebbene una caratteristica comune a tutte queste definizioni sia la mancanza di una comprensione comune della natura di questa relazione in termini di significato ed effetti di una prestazione adeguata, il legame tra capacità e prestazione è evidente in ognuna di esse. Nonostante le diverse aree di utilizzo e definizioni, possiamo considerare la sostanza di base della capacità.

1) Disponibilità di risorse,
2) Reti di relazioni,
3) Leadership e
4) Sostegno ai meccanismi o ai processi di partecipazione dei membri della comunità all'azione collettiva e alla risoluzione dei problemi. (Robert J, 2001)

sviluppo delle capacità (o capacity building)

Lo sviluppo delle capacità è un processo di apprendimento guidato a livello locale da leader, coalizioni e altri agenti del cambiamento che porta a cambiamenti nei fattori sociopolitici, politici e organizzativi per migliorare l'appropriazione locale, l'efficacia e l'efficienza degli sforzi per raggiungere un obiettivo di sviluppo.

(https://openknowledge.worldbank.org/bitstream/handle/10986/23037/The0ca pacity0d0capacity0development.pdf?sequence=1&isAllowed=y

La sfida è quella di rendere operativo il rapporto tra queste sostanze, di capire i meccanismi che entrano in gioco, gli scopi per sfruttarli e le strategie per sviluppare o costruire la capacità della comunità. Pertanto, è difficile passare dal concetto ampio all'azione sociale, ed è necessaria una maggiore specificità degli obiettivi da raggiungere, dei mezzi per raggiungerli e una migliore analisi delle dinamiche locali per comprendere l'impatto sull'attuazione. (Robert J, 2001)

Anche il capacity building è un concetto astratto e multidimensionale. Le definizioni vanno da quella di intervento esterno (approccio tradizionale dall'alto verso il basso basato sulla fornitura di risorse finanziarie e fisiche e sul trasferimento di tecnologia) alla discussione di un processo di cambiamento (sviluppo dal basso verso l'alto con un approccio olistico). Un'altra definizione è quella di sviluppo delle risorse umane (conoscenze, competenze, attitudini individuali e di gruppo) con l'obiettivo di sviluppare e gestire aree specifiche della società. (Enemark & Williamson, 2004) Dal Centro internazionale di formazione e ricerca per le ONG è definito anche come la realizzazione di sforzi per migliorare la vita delle persone, il miglioramento della capacità delle organizzazioni di attuazione e l'aumento della loro posizione nella società e della loro capacità di svolgere attività di rafforzamento. (Brown, LaFond, & Macintyre, 2001) Questo approccio è stato definito anche come capacity building, ovvero il processo di costruzione delle capacità di individui, gruppi, organizzazioni e società in termini di capitale umanitario, organizzativo, istituzionale e sociale. (Lavergne, 2004) L'Organizzazione per la Cooperazione e lo Sviluppo Economico (OCSE) ha definito il Capacity Building come "il processo di miglioramento della capacità di individui, gruppi, organizzazioni, istituzioni e società di svolgere funzioni essenziali, risolvere problemi, definire e raggiungere obiettivi, comprendere e affrontare le esigenze di sviluppo in un contesto ampio e in modo sostenibile". (Enemark & Williamson, 2004) Il concetto è legato allo sviluppo sostenibile ed è stato definito come avente una prospettiva nazionale e un orientamento politico. Le competenze, le conoscenze e il know-how tecnico a livello individuale e istituzionale sono essenziali per la gestione della creazione di istituzioni, l'analisi e lo sviluppo delle politiche, compresa la valutazione di linee d'azione alternative per migliorare l'accesso e il trasferimento di tecnologie e promuovere lo sviluppo economico. (UNCED, 1992)

Lavora sul rafforzamento delle capacità per raggiungere gli obiettivi di sviluppo della maggior parte delle organizzazioni di sviluppo e contribuire alla sostenibilità, che è vista come un risultato a lungo termine del rafforzamento delle capacità. Attraverso interventi pianificati come assistenza tecnica, corsi di formazione e altre azioni, queste organizzazioni sviluppano o accelerano il processo di capacity building interno, soprattutto per quanto riguarda le competenze specifiche. (Brown, LaFond, & Macintyre, 2001) L'aumento della resilienza sociale ed economica delle organizzazioni locali è uno dei risultati del capacity building, che rende le organizzazioni locali inclusive delle loro competenze di base. Le capacità sociali che possono essere implementate per aumentare la resilienza sociale ed economica includono la visione di gruppo e la pianificazione istituzionale; intraprendere attività di gestione collettiva, preparare un piano di distribuzione equa dei benefici; risolvere le controversie interne di governance; negoziare con finanziatori esterni o agenzie governative; redigere un piano aziendale; implementare la gestione contabile e finanziaria; intraprendere attività di marketing e comunicazione; mantenere il controllo di qualità. Lo sviluppo di queste capacità nascoste richiede spesso il sostegno sistematico di organizzazioni intermediarie che possono agire come facilitatori, educatori, organizzatori, mediatori onesti e punti di collegamento con il governo e il settore privato. (WORLD RESOURCES INSTITUTE, 2008) I risultati dello sviluppo delle capacità sono: espansione della partecipazione dei cittadini, diversificata e inclusiva; espansione della base di leadership; rafforzamento delle competenze individuali; comprensione e visione ampiamente condivise; agenda strategica della comunità; progressi coerenti e tangibili verso gli obiettivi; organizzazioni e istituzioni comunitarie più efficaci; migliore utilizzo delle risorse da parte della comunità. (Programma di politica economica rurale dell'Aspen Institute, 2009).

Operativizzazione dei concetti di capacità e sviluppo delle capacità
Essendo concetti multidimensionali e astratti, sono state sviluppate molte iniziative per definire la capacità e il capacity building in termini di componenti, strategie, dimensioni o interventi, al fine di rendere operativi i concetti. (In pratica, la maggior parte degli interventi di capacity building si concentra sul livello organizzativo o delle risorse umane/personale, e la letteratura e l'esperienza di misurazione sono dominate dall'esperienza in questi settori. Gli approcci alla misurazione spesso derivano dall'esperienza sul campo piuttosto che dalla letteratura teorica. (Brown, LaFond, & Macintyre, 2001) Nella Tabella 1 è riportato un riepilogo di tutti gli indicatori trovati nella revisione della letteratura.

Capacità individuale Capacità sociale

Tabella 2 Caratteristiche della capacità organizzativa (Fonte: Brown, LaFond, & Macintyre, 2001)

Leadership	Partecipazione e collaborazione
Imprenditorialità	Devozione
Competenze finanziarie - Alfabetizzazione economica	Fiducia
Competenze tecnologiche	Comunicazione
Competenze politiche (Comunicazione; Organizzazione; Selezione)	Collegamento in rete
Capacità di pianificazione	Imprenditorialità
Competenze manageriali, gestione del cambiamento	Norme
	Lavoro di squadra
	Abilità nei processi di gruppo (capacità di risoluzione di problemi/conflitti; costruzione del consenso, processo decisionale)
	Senso di comunità, valori condivisi
	Visione e strategia

Per analizzare la capacità a diversi livelli si definiscono quattro componenti: input, processo, output e risultati. Gli input rappresentano le risorse necessarie per produrre output e risultati legati alla capacità, mentre i processi rappresentano le funzioni a tutti i livelli che convertono le risorse in output e risultati della capacità. (Brown, LaFond, & Macintyre, 2001).

In un'altra definizione creata concentrandosi sulla salute; è stato sviluppato uno strumento composto da 9 aree che forniscono informazioni quantitative e qualitative sulla capacità della comunità nel contesto e nell'ambito dei programmi di finanziamento basati sulla comunità: partecipazione; leadership; strutture della comunità; chiedere perché; mobilitazione delle risorse; connessioni con gli altri; ruolo dei supporti esterni; competenze, conoscenze e apprendimento; senso della comunità. (Maclellan-Wright, et al., 2007).

Le componenti risultanti, basate su un simposio di esperti sulla capacità comunitaria, sono: partecipazione e leadership, competenze, risorse, reti sociali e inter-organizzative, senso della comunità, comprensione della storia della comunità, forza della comunità, valori della comunità e riflessione critica. (Goodman e altri, 1998).

Quadro concettuale

Il quadro concettuale cerca di mappare le capacità a livello individuale e sociale e di orientare il ruolo dei progetti di sviluppo come strumenti per il rafforzamento delle capacità e quindi per aumentare il successo e la sostenibilità degli interventi. La teoria del capitale sociale e umano si basa su approcci multidisciplinari e di apprendimento sociale che attingono a una varietà di prospettive teoriche, tra cui i metodi di valutazione delle competenze da prospettive psicometriche, le metodologie della logica della partecipazione, la capacità sociale, il capacity building e l'apprendimento sociale. (Korten, 1998) Il suo carattere è descrittivo ed esplorativo piuttosto che prescrittivo e occorre lavorare ancora per verificarne la validità e l'utilità.

Il quadro fornisce una base per analizzare gli elementi critici della capacità a tutti i livelli (individuale e sociale) che aumentano il successo nel tempo (si possono chiamare sostenibilità, adattabilità e robustezza come organizzazioni economiche legate ai mercati globali) e li divide in tre dimensioni: elementi tecnici, comportamentali e contestuali. I cambiamenti nella capacità possono essere analizzati osservando i cambiamenti nelle prestazioni (funzioni) e nei risultati. Il contesto è un altro elemento importante da considerare nell'analisi, poiché è unico per ogni progetto. (Lusthaus, Anderson, & Murphy, 1995) Il quadro di riferimento può essere utilizzato in diversi momenti del ciclo del progetto. In primo luogo, dovrebbe servire alla diagnostica inclusa nella fase di formulazione per valutare la capacità della comunità o dell'organizzazione e quindi migliorare la capacità esistente e migliorare le debolezze e identificare meglio la fase di pianificazione. Può poi essere utilizzato nella fase di monitoraggio e valutazione per controllare i cambiamenti nelle capacità e l'impatto del progetto.

In letteratura le caratteristiche della capacità si dividono in due gruppi principali in relazione alla capacità individuale o sociale. La capacità individuale può essere caratterizzata da due dimensioni principali: capacità tecnica e capacità comportamentale. La capacità tecnica è necessaria in qualsiasi organizzazione per svolgere tutte le attività necessarie in un'impresa. Le capacità tecniche possono essere suddivise in capacità tecnologiche, capacità politiche, capacità di pianificazione e gestione. La capacità comportamentale si riferisce alle attitudini personali e alle competenze necessarie nelle relazioni tra persone e gruppi di stakeholder, come la leadership o l'imprenditorialità.

Oltre alla capacità tecnica, la capacità sociale è necessaria per promuovere molte delle competenze che consentono a un'iniziativa o a un'organizzazione basata sulla comunità di avere successo a lungo termine e può essere suddivisa principalmente in capacità comportamentali e contestuali. (WORLD RESOURCES INSTITUTE, 2008) La prima è costituita da capacità quali l'impegno, la fiducia, la creazione di reti, l'imprenditorialità, le norme, il lavoro di squadra, l'organizzazione di gruppo, il senso di comunità, i valori condivisi, la negoziazione e le competenze politiche; la seconda, tra le altre, comprende la visione e la strategia, le competenze legali e finanziarie o la creazione di istituzioni.

Il rafforzamento delle capacità può essere più importante per lo sviluppo rispetto al tradizionale sistema di trasferimento tecnologico, a causa della sostenibilità dei progetti e quindi del loro impatto sulla crescita economica e sullo sviluppo sociale. Come abbiamo visto, entrambi i concetti sono astratti e multidimensionali e, sebbene vi siano alcune caratteristiche comuni a tutte le definizioni, non vi è ancora un consenso sul fatto che vi sia un obiettivo nelle definizioni o solo, o un modo per raggiungerlo. La capacità è definita dalla presenza di risorse, reti, leadership e abilità nei processi di gruppo, e il capacity building è un concetto ciclico legato allo sviluppo del capitale umano, organizzativo, istituzionale e sociale. A causa della difficoltà di definire chiaramente i concetti e dell'impatto del contesto esterno, è anche difficile renderli operativi e misurarli nel tempo - è necessaria una maggiore esperienza sul campo. Il quadro presentato fornisce una base per analizzare gli elementi critici della capacità a tutti i livelli (individuale e sociale) che supportano il successo nel tempo e li divide in tre dimensioni: tecnica, comportamentale e contestuale. I cambiamenti nella capacità possono essere analizzati osservando i cambiamenti nelle prestazioni e nei risultati. Il contesto è un altro elemento importante da considerare nell'analisi, poiché è unico per ogni progetto. Il quadro di riferimento può essere utilizzato in diversi momenti del ciclo del progetto: per valutare le capacità della comunità o dell'organizzazione nella fase di formulazione, per migliorare le capacità esistenti e gli elementi deboli durante la fase di pianificazione e per controllare, durante la fase di monitoraggio e valutazione, i cambiamenti nelle capacità e gli effetti del progetto, per sapere fino a che punto un progetto di sviluppo è un buon strumento per migliorare le competenze dei soggetti interessati. Sono necessarie ulteriori ricerche per convalidare il quadro e determinare le relazioni tra gli elementi e tra questi e i risultati attesi.

FULCRO DELLA CATENA DI FORNITURA: GLI AEROPORTI

La sostenibilità di tutte le industrie, compresa quella dell'aviazione, dipende dalle catene di fornitura. La catena di fornitura comprende il processo che va dalla produzione di un prodotto o di un servizio al consumatore finale. In questo processo, ci sono attività e processi gestionali e operativi che includono fasi come la gestione delle relazioni con gli stakeholder, l'approvvigionamento dei materiali, la produzione, lo stoccaggio, la distribuzione e la vendita. Certamente, le catene di approvvigionamento non si limitano agli aeroporti. Anche i porti, le ferrovie, le autostrade e altri centri logistici vitali svolgono un ruolo importante nei processi della supply chain. Le catene di fornitura includono diverse modalità di trasporto e punti logistici e lavorano in modo integrato tra questi punti.

Il risk leader nella catena di fornitura si riferisce a un ruolo che è responsabile della definizione dei rischi nella gestione e nei processi della catena di fornitura dell'azienda, della creazione di scenari di rischio, dell'analisi e della valutazione dei rischi e della gestione dei rischi, delle risorse aziendali e delle risorse umane con strategie ottimali. Allo stesso tempo, i Risk leader costruiscono la capacità delle aziende e quindi sostengono l'aumento delle prestazioni aziendali. I rischi nella catena di fornitura sono numerosi e vari, interrelati e si influenzano reciprocamente. I Risk Leader sono necessari per identificare il processo della catena di fornitura.

catena di fornitura e i potenziali rischi che comporta e di gestirla con le migliori strategie.

Nelle catene di fornitura, gli aeroporti hanno assunto il ruolo di HUB in termini di logistica. Grazie agli aeroporti, la catena di fornitura può essere collegata e si può accedere a una rete di destinazioni più ampia. Ciò consente alle aziende di raggiungere più punti in modo efficace ed efficiente attraverso l'aeroporto. Gli aeroporti fungono da importanti snodi del trasporto internazionale e sono un punto chiave nel trasporto di beni e servizi nell'ambito dei processi della catena di approvvigionamento. Pertanto, offrono una posizione centrale per una catena di fornitura basata sul trasporto aereo di merci. Questo permette di trasportare i prodotti in diversi punti del mondo in modo rapido ed efficiente. Gli aeroporti sono situati in regioni in cui il commercio internazionale è intenso. Gli aeroporti svolgono un ruolo importante nelle catene di approvvigionamento, poiché la maggior parte delle esportazioni e delle importazioni avviene per via aerea. Garantiscono la consegna di beni e servizi ai clienti da parte dei fornitori di tutto il mondo.

Gli aeroporti possono svolgere ruoli diversi nelle varie fasi della catena di approvvigionamento. Ad esempio, gli aeroporti svolgono un ruolo importante nell'importazione di materie prime e componenti, nel trasporto di parti e attrezzature utilizzate nel processo produttivo, nello stoccaggio e nella distribuzione dei prodotti fabbricati.

Infrastrutture e servizi logistici: Gli aeroporti dispongono generalmente di una buona infrastruttura logistica. I terminal merci, le aree di stoccaggio, lo sdoganamento e altri servizi logistici supportano il flusso della catena logistica. I fornitori di servizi della catena di approvvigionamento negli aeroporti forniscono una serie di servizi per il trasporto, lo stoccaggio, la lavorazione e la distribuzione dei materiali.

Nell'industria del trasporto aereo, le aziende che producono aeromobili e parti di ricambio, le compagnie aeree, gli operatori aeroportuali, le aziende di manutenzione, le aziende di ristorazione, i servizi a terra, le aziende di carburante, le aziende tecniche, le aziende di addestramento al volo e le aziende di traffico aereo lavorano insieme. Questo ambiente di lavoro integrato implica l'esistenza di sottosistemi che si influenzano e sono influenzati l'uno dall'altro. A questo proposito, è necessario presentare la gestione dell'offerta nel modo più chiaro possibile, considerando le relazioni delle imprese tra loro e le loro esigenze reciproche.

Le aziende che producono aeromobili e parti di ricambio collaborano con le compagnie aeree. Forniscono in linea con le richieste delle compagnie aeree sul mercato. Prima del processo di formazione della flotta delle compagnie aeree, la produzione dell'aeromobile e delle sue parti, che è l'elemento più basilare dell'aviazione, è l'inizio di molti processi.

Le compagnie aeree danno uno dei contributi più importanti a questo processo con la formazione della loro flotta. La flotta, che è la più costosa e costituisce la base delle operazioni di trasporto aereo, è formata dalle compagnie aeree e l'interazione con le altre imprese si forma nella sede centrale della compagnia aerea. Non dobbiamo dimenticare che le operazioni nel settore dell'aviazione sono uno studio interdisciplinare. Ogni attività ha ruoli molto importanti. Ma avere finanziamenti per i clienti e aeroplani è essenziale per sfondare nel settore.

I gestori aeroportuali assicurano che le compagnie aeree svolgano le loro operazioni di trasporto in sicurezza, rispettando le autorizzazioni necessarie. Collaborano con le compagnie aeree nel punto di trasferimento degli aeromobili da terra ad aria e da aria a terra. D'altra parte, anche i servizi di manutenzione, i servizi a terra, i servizi di ristorazione e i carburanti trovano spazio di lavoro nei centri delle imprese aeroportuali.

Le imprese di manutenzione sono direttamente collegate alle compagnie aeree e alle imprese tecniche. L'aeronavigabilità degli aeromobili è formata dalla cooperazione tra la manutenzione e le operazioni tecniche. D'altra parte, sono indirettamente collegate alle operazioni aeroportuali. La messa a disposizione dell'area in cui viene effettuata la manutenzione e la fornitura di sicurezza sono svolte dal gestore aeroportuale in modo coordinato.

Il settore dei carburanti è direttamente collegato alle compagnie aeree e agli aeroporti. Le compagnie di carburante, che si occupano del trasporto del carburante dal centro agli aerei, possono posizionare i loro veicoli pieni di carburante vicino agli aerei pagando gli operatori aeroportuali, di cui affittano l'area.

I servizi di ristorazione sono associati alle compagnie aeree e ai servizi di assistenza a terra. Queste attività, che rappresentano il target di clientela delle compagnie aeree, sono in collaborazione con i servizi a terra, che comprendono anche le compagnie passeggeri.

Le imprese di formazione al volo sono indirettamente collegate alle compagnie aeree e alle imprese di manutenzione. Infatti, questo sottotitolo riguarda soprattutto le compagnie aeree che forniscono formazione. L'addestramento e le competenze individuali del personale di volo o di manutenzione addestrato influiscono indirettamente sulle organizzazioni di questi settori. In realtà, se consideriamo l'effetto del fattore umano durante le operazioni di volo, sono direttamente collegate.

Affinché queste imprese possano cooperare, è necessario che vi sia una catena di approvvigionamento tra di loro e con altre industrie.

Inoltre, la catena di approvvigionamento non si limita alla fornitura di materiali e alla distribuzione di prodotti. La catena di approvvigionamento comprende anche il flusso di dati e informazioni. Fattori come la previsione delle vendite, la gestione delle scorte e la comunicazione con i fornitori garantiscono una gestione efficace della catena di fornitura attraverso l'analisi dei dati e la condivisione delle informazioni.

Di conseguenza, un'efficace gestione della supply chain è di grande importanza per la continuità delle industrie. Ciò richiede l'instaurazione di buoni rapporti con i fornitori, l'ottimizzazione dei processi logistici, la gestione delle scorte e il mantenimento di un flusso costante di dati e informazioni. In questo modo, le industrie possono produrre i loro prodotti in modo efficiente e ottenere un vantaggio competitivo soddisfacendo le richieste dei consumatori.

Qualsiasi problema o interruzione nella catena di fornitura dell'aviazione o negli aeroporti può causare l'arresto o il ritardo della produzione e quindi del processo di servizio. Questo può rendere difficile o impossibile per le industrie continuare le loro operazioni. Gli aeroporti sono hub che svolgono un ruolo importante nella gestione della supply chain. Gli aeroporti sono i punti di snodo delle catene di approvvigionamento internazionali e locali e garantiscono un trasporto tempestivo ed efficiente di beni e servizi. Tuttavia, gli aeroporti devono affrontare una serie di rischi e sfide che mettono a dura prova la loro resilienza e le loro prestazioni e hanno un impatto diretto sull'efficienza e la sostenibilità delle loro catene di approvvigionamento. Pertanto, gli aeroporti, che sono snodi delle catene di approvvigionamento, dovrebbero sviluppare le loro capacità. A tal fine, sono necessari dei leader del rischio.

Essendo gli aeroporti degli hub di approvvigionamento, devono essere gestiti secondo i principi della gestione della catena di approvvigionamento. La catena di fornitura è un sistema che comprende tutte le attività che coprono il processo che va dalla produzione di un prodotto o servizio al suo consumo. Anche gli aeroporti sono una componente critica dell'HUB della gestione della catena logistica. Gli aeroporti possono essere esposti a una serie di rischi lungo tutta la catena di fornitura. Ad esempio, fattori come ritardi nella fornitura di materiali, problemi logistici, disastri naturali o situazioni di crisi possono influire sulla catena di fornitura. Pertanto, è importante sviluppare e implementare strategie di gestione del rischio negli aeroporti.

Inoltre, i materiali necessari per il funzionamento degli aeroporti sono forniti attraverso la catena di approvvigionamento. Ad esempio, operazioni come la fornitura di carburante per gli aeromobili, la fornitura di cibo e bevande, la fornitura di attrezzature e di materiale per il personale aeroportuale fanno parte del processo della catena di approvvigionamento. Negli aeroporti, anche lo stoccaggio, la gestione delle scorte e la distribuzione dei materiali si basano sui principi della gestione della catena di fornitura. Ad esempio, lo stoccaggio e la fornitura rapida di parti di ricambio per gli aeromobili richiedono una gestione efficiente della catena di approvvigionamento.

Questo libro tratta della leadership del rischio negli aeroporti. Gli **aeroporti sono "l'HUB della catena di fornitura",** nel settore dell'aviazione, dove si applicano una cultura ibrida e nuovi modelli di business. È una guida strategica per i professionisti della supply chain e per i leader e i ricercatori del settore dell'aviazione.

Per i lettori, il libro si concentra e presenta i seguenti argomenti:

Rischi della catena di approvvigionamento negli aeroporti hub: Esamina in dettaglio i rischi sulle catene di approvvigionamento degli aeroporti hub e gli effetti che ne derivano. Il libro 133 affronta i fattori che incidono sulla catena di approvvigionamento, come i rischi operativi, le sfide logistiche, le minacce alla sicurezza e i disastri naturali.

Leadership del rischio e gestione della catena di fornitura: Il libro spiega come sia possibile combinare il concetto di leadership del rischio con la gestione della supply chain. La leadership del rischio fornisce ai professionisti della supply chain le competenze per identificare, analizzare, dare priorità e gestire efficacemente i rischi.

Nuovi modelli di business con cultura ibrida: Il libro evidenzia come sia possibile adottare nuovi modelli di business con cultura ibrida nella gestione della supply chain degli aeroporti hub. Questi modelli incorporano la combinazione di modelli di business tradizionali con le nuove tecnologie e forniscono una gestione della supply chain più flessibile, efficiente e sostenibile.

Questo libro si propone di aiutare i professionisti della catena di fornitura e i leader del settore dell'aviazione a comprendere i rischi degli aeroporti come fulcro della catena di fornitura e di consentire loro di applicare nuovi modelli di business con una cultura ibrida. Utilizzando le indicazioni strategiche e le raccomandazioni contenute nel libro, i lettori possono ridurre i rischi della catena di fornitura, aumentare l'efficienza e ottenere un vantaggio competitivo.

La fine

della catena di fornitura

Parte III e IV **Riferimenti**

Brown, L., LaFond, A. e Macintyre, K. (2001). *MISURARE LO SVILUPPO DELLE CAPACITÀ.* Università della Carolina del Nord: Centro per la popolazione della Carolina.

Enemark, S. e Williamson, I. (2004). LO SVILUPPO DELLE CAPACITÀ NELL'AMMINISTRAZIONE DEL TERRITORIO - UN APPROCCIO CONCETTUALE. *Survey Review, 639* 650.

Goodman, Speers, McLeroy, Fawcett, Kegler, Parker, . . . Wallerstein. (1998). Identificare e definire le dimensioni della capacità comunitaria per fornire una base di misurazione. *Health Educ Behav*, 258-278.

Korten, D. C. (1998). Organizzazione comunitaria e sviluppo rurale: Un approccio al processo di apprendimento. *Public Administration Review*, 481-512.

Lavergne, R. (2004). Sviluppo delle capacità: Quadro concettuale e questioni chiave. *Simposio internazionale di Tokyo sullo sviluppo delle capacità.* Tokyo.

Lusthaus, C., Anderson, G., &. Murphy, E. (1995). *Valutazione istituzionale: A Framework for Strengthening Organizational Capacity for IDRC's Research Partners.* Ottawa: IDRC.

Maclellan-Wright, Anderson, Barber, Smith, Cantin, Felix, & Raine. (2007). Lo sviluppo di misure di capacità comunitaria per i programmi di finanziamento basati sulla comunità in Canada. *Health Promot Int.*, 299-306.

Robert J, C. (2001). Costruire la capacità della comunità: A Definitional Framework and Case Studies from a Comprehensive Community Initiative. *Urban Affairs Review*, 291-323.

Sastre, M. S. e Rtes, C. I. (2012). Lo sviluppo delle capacità nei progetti di sviluppo. *Procedia - Social and Behavioral Sciences*, 960-967.

Programma di politica economica rurale dell'Aspen Institute. (2009). Misurare lo sviluppo delle capacità comunitarie: Un workbook-in-progress per le comunità rurali. *Measuring Community Capacity Building*, 1-13.

UNCED. (1992). Meccanismi nazionali e cooperazione internazionale per il rafforzamento delle capacità nei Paesi in via di sviluppo. *Conferenza delle Nazioni Unite su Ambiente e Sviluppo*, (pp. 329-333). Rio de Janeiro.

ISTITUTO MONDIALE DELLE RISORSE. (2008). Risorse mondiali 2008: Roots of Resilience Growing the Wealth of the Poor. *World Resources*, 71-84.

Akselsson, R. F. (2009). La *cultura della sicurezza della resilienza nell'aviazione.* Capitolo del libro HILAS.

Aksoy, E. (2006). UQUS EMNiYETiNiN SAGLANMASINDA iNSAN UNSURU VE BU SUREQTE MESLEKi EGiTiMiN ONEMiNE iLi^KIN BiR ARASTIRMA. *istanbul Univeristesi Sosyal Bilimler Enstitusu igletme Anabilim Dali insan Kaynaklari Yonetimi Bilim Dali.* istanbul.

Alsowayigh, M. (2014). Valutazione della cultura della sicurezza tra i piloti delle compagnie aeree saudite: A Quantitative Study Approach, Electronic

92

Theses and Dissertations,.

BM. (2022). *Birlegmig Milletler Kalkinma Amaglari.* 03 23, 2022 tarihinde https://www.kureselamaclar.org/amaclar/amaclar-icin-ortakliklar/ adresinden alindi

Ferreroa, G., Setty, K., Rickert, B., George, S., Rinehold, A., DeFrance, J., & Bartram, J. (2019). Approcci di sviluppo delle capacità e di formazione per i piani di sicurezza in acqua: Una revisione completa della letteratura. *International Journal of Hygiene and Environmental Health.*

ICAO. (1984). Manuale di prevenzione degli incidenti. Montreal,.

Formazione globale sull'aviazione dell'ICAO. (tarih yok). Tabella di marcia per la formazione e lo sviluppo di capacità nel settore dell'aviazione per gli Stati. ICAO.

Kot, M. (2015). Prontezza nel garantire la sicurezza dell'acqua potabile nei sistemi delle piccole comunità. Nuova Scozia: Dalhousie University Halifax.

Lebel, P. e Reed, M. (2010). La capacità del lago Montreal, Saskatchewan, di fornire acqua potabile: applicazione di un quadro di analisi. *Can. Water Resour. J., 35*(3), 317-338.

Narrod, C., Dou, X., Chfadi, T. e Miller, M. (2021). Caratteristiche dei partecipanti e risultati dell'apprendimento: Lezioni dallo sviluppo di capacità internazionali in materia di sicurezza alimentare. *Politica alimentare, 102.*

Pegem Akademi yayincilik. (Aralik 2011). *Uluslararasi Sivil Havacilik Te§kilati (ICAO) tarafindan yayimlanan Safety Management Manual (SMM) Doc. 9859 AN/474 dokOmanini.* SIVIL HAVACILIK GENEL MUDURLUGU.

Press, I. (1995). Fattori umani nella manutenzione e nell'ispezione degli aeromobili. Circolare ICAO 253-AN/151. https://openknowledge.worldbank.org/bitstream/handle/10986/23037/The 0capacity0d0capacity0development.pdf?sequence=1&isAllowed=y

Brown, L., LaFond, A. e Macintyre, K. (2001). *MISURARE LO SVILUPPO DELLE CAPACITÀ.* Università della Carolina del Nord: Centro per la popolazione della Carolina.

Enemark, S. e Williamson, I. (2004). LO SVILUPPO DELLE CAPACITÀ NELL'AMMINISTRAZIONE FONDIARIA - UN APPROCCIO CONCETTUALE. *Survey Review*, 639650.

Goodman, Speers, McLeroy, Fawcett, Kegler, Parker, . Wallerstein. (1998). Identificare e definire le dimensioni della capacità comunitaria per fornire una base di misurazione. *Health Educ Behav*, 258-278.

Korten, D. C. (1998). Organizzazione comunitaria e sviluppo rurale: Un approccio al processo di apprendimento. *Public Administration Review*, 481-512.

Lavergne, R. (2004). Sviluppo delle capacità: Quadro concettuale e questioni chiave. *Simposio internazionale di Tokyo sullo sviluppo delle capacità.* Tokyo.

Lusthaus, C., Anderson, G., &. Murphy, E. (1995). *Valutazione istituzionale: A*

Framework for Strengthening Organizational Capacity for IDRC's Research Partners. Ottawa: IDRC.

Maclellan-Wright, Anderson, Barber, Smith, Cantin, Felix, & Raine. (2007). Lo sviluppo di misure di capacità comunitaria per i programmi di finanziamento basati sulla comunità in Canada. *Health Promot Int.*, 299-306.

Robert J, C. (2001). Costruire la capacità della comunità: A Definitional Framework and Case Studies from a Comprehensive Community Initiative. *Urban Affairs Review*, 291-323.

Sastre, M. S. e Rfos, C. I. (2012). Lo sviluppo delle capacità nei progetti di sviluppo. *Procedia - Social and Behavioral Sciences*, 960-967.

Programma di politica economica rurale dell'Aspen Institute. (2009). Misurare lo sviluppo delle capacità comunitarie: Un workbook-in-progress per le comunità rurali. *Measuring Community Capacity Building*, 1-13.

UNCED. (1992). Meccanismi nazionali e cooperazione internazionale per il rafforzamento delle capacità nei Paesi in via di sviluppo. *Conferenza delle Nazioni Unite su Ambiente e Sviluppo*, (pp. 329-333). Rio de Janeiro.

ISTITUTO MONDIALE DELLE RISORSE. (2008). Risorse mondiali 2008: Roots of Resilience Growing the Wealth of the Poor. *World Resources*, 71-84.

Abdi, F., Shavarini, S. K., & Hoseini, S. M. (2006, Temmuz 1). Glean lean: come utilizzare l'approccio lean nelle industrie dei servizi? *Journal of services Research, 6*(Ozel Sayi), 191-206.

Al-Dhaheri, A., & Kang, P. S. (2015, Temmuz). Utilizzo della filosofia Lean per migliorare il flusso dei passeggeri in partenza nell'aeroporto di Abu Dhabi. *International Journal of Scientific & Engineering Research, 6*(7), 955-961.

Arbos, L. C. (2002). Progettazione di un servizio a risposta rapida e ad alta efficienza secondo i principi della produzione snella: Metodologia e valutazione della variabilità delle prestazioni. *Int. J. Production Economics, 80*(2), 169-183. doi:10.1016/S0925-5273(02)00316-X

Atsan, N. (1998). *Yalin Yonetim Yakla§imi ve Turkiye'deki Uygulamalara ili^kinBir Alan Ara§tirmasi.* Ulusal Tez merkezi: https://tez.yok.gov.tr/UlusalTezMerkezi/tezSorguSonucYeni.jsp indirizzi alindi

Aydin, D., & Yucel, M. M. (2017). i§letme Problemlerinin Qozumunde Kaikaku ve Degi§im Muhendisligi' nin Kar§ila§tirmali Analizi. *Akademik Yakla§imlar Dergisi, 8*(2), 35-56.

B.R., R. K., Sharma, M. K., & Agarwal, A. (2015, Mart 2). Un'indagine sperimentale sulla gestione snella nell'aviazione: Evitare gli errori non forzati per migliorare la supply chain. *Journal of Manufacturing Technology Management, 26*(2), 231-260. doi:https://doi.org/10.1108/JMTM-12-2013-0174

BIBUS. (2019, 23 maggio). *Yalin Yonetim Nedir?* BIBUS: https://karakuri.bibus.com.tr/son-haberler/son-haberler/yalin-yoenetim-nedir/ indirizzi alindi

Bresnahan, S. M. (2006). *Comprensione e gestione dell'incertezza nello sviluppo di prodotti aerospaziali snelli.* Dissertazione dottorale, Massachusetts Institute of Technology, Master of Science in Engineering and Management.

Charron, R., Harrington, H. J., Voehl, F. e Wiggin, H. (2015). *Il manuale dei sistemi di gestione snella.* CRC Press.

Chase, J. P. (2001). *Creazione di valore nel processo di sviluppo del prodotto.* Tesi di Master, Massachusetts Institute of Technology, Master of Science in Aeronautica e Astronautica. Aralik 14, 2021 tarihinde https://dspace.mit.edu/bitstream/handle/1721.1/82217/51269484-MIT.pdf;sequence=2 adresinden alindi

Chen, W. (2018). Ricerca e applicazione della gestione dei servizi di terra dell'aviazione civile basata sul Lean Management. *Advances in Economics, Business and Management Research, 68,* 422-427.

Crute, V., Ward, Y., Brown, S., & Graves, A. (2003, Aralik). Implementare il Lean nel settore aerospaziale: mettere in discussione i presupposti e comprendere le sfide. *Technovation, 23*(12), 917-928. doi:10.1016/S0166-4972(03)00081-6

Dogan, N. O., & Yagli, B. §. (2019). Saglik Sektorunde Yalin Dugunce: Bir Literatur Derlemesi. *Hacettepe Saglik idaresi, 22*(2), 467-490.

Eser, Z. (2018). Pazarlama, Hizmet Kavramlari ve Hava Tagimaciligi Hizmetleri igin Pazar. Z. Eser, O. Atalik, C. H. Kagnicioglu, T. K. Devrani, & O. Atalik (Du.) iginde, *Havayolu Pazarlamasi* (s. 11-19). Eskigehir: Anadolu Universitesi.

Gergin, Z., Akburak, D., Gultekin, S., & Kara, B. (2017, Kasim). Applicazione del Lean Management ai processi delle operazioni di terra di una compagnia aerea 140 - Studio di mappatura del flusso di valore. *Simposio internazionale per la ricerca sulla produzione, 2017,* 13-15.

Graban, M. (2018). *Yalin Hastane: Kalite Hasta Guvenligi ve Qali§an Memnuniyetini Artirmak.* (P. §engozer, Qev.) Optimist Yayinlari. kasim 3, 2021 tarihinde https://offcampus.anadolu.edu.tr:2396/login.aspx?direct=true&db=nlebk&AN=2472513&lang=tr&site=eds-live adresinden alindi

Hallam, C. R., & Keating, J. (2014, §ubat 21). Autovalutazione aziendale della maturità dell'impresa snella nell'industria aerospaziale. *Journal of Enterprise Transformation, 4*(1), 51-71. doi:10.1080/19488289.2014.880094

Hancioglu, Y., & Ozturk, D. (2019). i§letmeler igin Yeni Bir Yaklagim: Yalin Yonetim + Yalin Uretim + inovasyon= Yalin inovasyon. *Business and Organization Research (BOR) Conference,* (s. 224-237). izmir.

Hopkin, P. (2010). *Fondamenti di gestione del rischio: Comprendere, valutare e implementare una gestione efficace del rischio.* Londra, Regno Unito: Kogan Page Limited.

IRM. (2002). *Uno standard di gestione del rischio.* Londra: Istituto di gestione del rischio. https://www.theirm.org/media/4709/arms_2002_irm.pdf indirizzi alindi

ISO. (2009). *Guida ISO 73:2009.* Organizzazione internazionale per la standardizzazione.

James-Moore, S., & Gibbons, A. (1997, Eylul 1). La produzione snella è universalmente rilevante? Una metodologia di indagine. *International Journal of Operations & Production Management, 17*(9), 899-911. doi:https://doi.org/10.1108/01443579710171244

Kadakaloglu, i. D. (2020, Aralik 16). *Kaizen vs Kaikaku.* http://www.ilkimdilara.com/kaizen-ve-kaikaku/ adresinden alindi

Konecka, S. (2010, Ekim 21). Concetto di Lean e Agile Supply Chain Management nell'aspetto della gestione del rischio. *Electronic Scientific Journal of Logistics, 6*(4), 23-31.

Obeya Akademi. (2020, Aralik 30). *Obeya Akademi.* Yalin Uretim Nedir? Tarihpesi - Teknikleri - Uygulamalari: https://www.obeyaakademi.com.tr/yalin-uretim-nedir/ adresinden alindi

Oehmen, J. e Rebentisch, E. (2010). *La gestione del rischio nel Lean PD.* Cambridge: Massachusetts Institute of Technology.

Ohno, T. (1988). *Il sistema di produzione Toyota: Oltre la produzione su larga scala.* Boca Raton: Productivity Press.

Sampson, M. (2004). *Miglioramento del processo di pagamento non profit attraverso il Lean Management.* CU Scholar - Biblioteche universitarie: https://scholar.colorado.edu/concern/graduate_thesis_or_dissertations/gt54kn 34w adresinden alindi

Seddigh, A. e Alimohamadi, B. (2009). *Implementazione del Lean nel processo di gestione del rischio.* Tesi di Master, University College of Boras, Ingegneria Industriale. Aralik 14, 2021 tarihinde alindi

Shinkle, G. (2005, Nisan 1). Alla ricerca della gestione snella [diagramma del sistema di gestione]. *Manufacturing Engineer, 84*(2), 44-47. doi:10.1049/me:20050208

TDK. (2019). *Turk Dil Kurumu Sozlukleri.* Turk Dil Kurumu Sozlukleri: https://sozluk.gov.tr/ adresinden alindi

Ward, Y. e Brito, M. d. (2007). Lean-Safe Operations per l'industria aeronautica. *EUROMA.* Ankara: Bilkent University. Aralik 14, 2021 tarihinde https://repository.tudelft.nl/islandora/object/uuid:a4ee6e03-621e-4dde-8778-aa1ae51d1788?collection=research adresinden alindi

Wickramasinghe, N., Al-Hakim, L., Gonzalez, C., & Tan, J. (Du). (2014). *Pensiero snello per l'assistenza sanitaria.* Springer New York. doi:10.1007/978-1-4614- 8036-5

Womack, J. P., & Jones, D. T. (1998). *Yalin Duşunce* (Cilt 1). (N. Arap, Qev.) istanbul, Turkiye: Sistem Yayincilik.

Womack, J. P. e Jones, D. T. (2006). *Yalin Qozumler.* (S. Ozkal, Qev.) istanbul: Free Press.

Wynne, B. E. e Marovac, N. (1993). Lean management, sistemi di supporto di gruppo e ipermedia: una combinazione che ha fatto il suo tempo. *Ventiseiesima conferenza internazionale delle Hawaii sulle scienze dei sistemi. 4*, s. 112-121. Wailea: IEE. doi:10.1109/HICSS.1993.284173

Yaman, O. (2007). *Orgutlerde yalin yonetim: Bir alan araştirmasi.* Ulusal Tez Merkezi: https://tez.yok.gov.tr/UlusalTezMerkezi/tezSorguSonucYeni.jsp adresinden alindi

Zengin, O. (2020, Kasim 21). *Kaizen Nedir? Kaizen Teknigi ve Prensipleri Nelerdir?* Marmara Industrial Engineering Society (MieS): https://miesofficial.com/blog/kaizen-teknigi-ve-prensipleri-nelerdir/ adresinden alindi

Informazioni sugli autori

La Prof. Dr. Ayse KUCUK YILMAZ è Professore Dr. presso la Facoltà di Aeronautica e Astronautica dell'Università Tecnica di Eskisehir (ESTU). Ha oltre 20 anni di esperienza come tecnico, accademico e amministratore in Turchia, di cui 6 anni in posizioni dirigenziali.

Konstantinos N. MALAGAS è ricercatore associato B.Sc., M.Sc., M.Phil., Ph.D., Post Doc, Laboratorio di Informatica e Nuove Tecnologie nella Navigazione, nel Trasporto e nello Sviluppo Insulare LINTSTID, Università dell'Egeo. Ha oltre 28 anni di esperienza nella gestione dell'aviazione e come ricercatore in Grecia.

Milton Keynes UK
Ingram Content Group UK Ltd.
UKHW020845180124
436254UK00001B/124